KB069064

리얼 해피
REAL HAPPY

리얼 해피 REAL HAPPY

초 판 1쇄 2023년 12월 15일

지은이 김연진
펴낸이 류종렬

펴낸곳 미다스북스
본부장 임종익
편집장 이다경
책임진행 김가영, 박유진, 윤가희, 이예나, 안채원, 김요섭, 임인영

등록 2001년 3월 21일 제2001-000040호
주소 서울시 마포구 양화로 133 서교타워 711호
전화 02) 322-7802~3
팩스 02) 6007-1845
블로그 http://blog.naver.com/midasbooks
전자주소 midasbooks@hanmail.net
페이스북 https://www.facebook.com/midasbooks425
인스타그램 https://www.instagram/midasbooks

© 김연진, 미다스북스 2023, *Printed in Korea*.

ISBN 979-11-6910-412-8 03190

값 18,000원

미다스북스는 다음세대에게 필요한 지혜와 교양을 생각합니다.

일과 삶, 그 속의 진짜 행복

리얼 해피

김연진 지음

REAL
HAPPY

미다스북스

프롤로그

당신은 행복하십니까?

이 물음에 당장 자신 있게 '그렇다'고 대답할 수 있는 사람은 그리 많지 않다. 또한 지금 당장은 행복하지만, 내일도 오늘처럼 행복할 수 있을 거라고 장담할 수도 없다. 분명히 행복은 어렵다. 그것을 정의하기도 어렵고, 더군다나 추구하며 달성하기도 쉽지 않다. 우리의 행복은 개념이 되든지 상징성이 되든지, 쉽게 얻을 수 있는 것은 아니지만 한결같이 애쓴다는 점에선 누구나 비슷하다.

그런데 우리는 왜 내일의 행복을 장담할 수 없을까? 이 질문에 대한 답은 고대 그리스 철학사상에서 찾을 수 있다. 아리스토텔레스는 행복을 인생의 '최고의 선', '좋음'이라 여겼다. 이것은 행복이 단지 착한 행동을 통해 이루어지는 것이 아님을 의미한다. 그의 핵심 사상인 '잠재성(잠재태)과 현실성(현실태)'으로 풀이하자면, 인생 '최고의 좋음'은 개개인의 역량이 현실에 발현되어 인간성에 맞닿음이고 이 과정을 통해 인류에 이바지하며 사는 삶이다.

그렇다면 우리가 늘 불행하다고 느끼는 이유가 이제는 선명해진다. 누군가에 의해 강제된 환경 속에서 자신이 하고 싶은 일, 진정 이루려고 하는 꿈들을 마음껏 펼치지 못하기 때문인 것이다. 억압된 삶은 속박된 울타리 속에서 하루하루를 불행하게 만들고 온종일 불안에 떨게 한다. 누군가는 그 고통에서 벗어나고자 자신이 속한 삶터의 굴레에 목소리를 내거나 작은 몸부림이라도 치려고 한다. 그러나 이내 지탄을 받거나 비난을 받는 것이 현실이다. 이런 집단에서는 자신의 잠재성을 펼칠 수 없다. 오늘의 행복이나 내일의 행복은 꿈꾸지도 못한다. 그 억지 주장에 사는 것이 바로 불행이며, 그것에 약간의 엇박자라도 내고 평안이 깨질까 봐 조마조마한 게 불안이다. 우리는 이런 상황에서 하루라도 빨리 벗어나야 한다. 그러므로 개인뿐만 아니라, 우리의 조직도 궁극적인 행복을 지향해야 한다.

조직은 삶터다. 우리가 먹고 자는 시간을 제외하면 하루 중 가장 많은 시간을 보내는 곳이 조직이다. 우리들의 일상이 머무는 조직의 역할은, 공동체를 만들고 공유정신을 생성하도록 돕는 것에 있다. 나아가 소속된 구성원들의 행복한 삶을 위해 그들이 성장할 수 있도록 충분히 지원하여 자유롭고 안전한 환경에서 꿈을 펼칠 수 있도록 해야 한다. 구성원들의 행복한 삶을 통해 조직의 창의성은 풍부해지고 더욱 발전할 것이다. 필자는 삶터의 이런 특징을 모임터, 놀이터, 배움터로 정의하고자 하며, 이 세 가지가 안정적으로 균형(Balance)을 이뤄 조직 내에서 현실로 작용했을 때 노동자들의 삶은 편안해지고 윤택해질 것이라고 본다. 그러므로 조직은 구성원들에게 모임터, 놀이터, 배움터를 적용하고 실현해야 하며 조직이 구성원들에게 진정한 삶터로 인식되는 순간, 구성원들도 자신이 속한 조직이 지속 가능하도록 함께 도울 것이다.

모임터

우선, 모임터는 건강한 관계주의를 추구하는 동등한 체제에서 형성되는 장소다. 이곳은 공동체 정신의 멤버십을 실현하기 위한 공간으로서, 공동체 구성원들은 상호 간의 정보를 자연스럽게 공유하며 서로 함께 소속감을 추구한다. 소속감은 평등과 공정함을 기반으로 시작된다. 또한 구성원들 사이에서 공과 사의 구별이 명확하게 이루어질 수 있어야지만 올바른 관계로 발전하며 강화된다. 따라서 조직이 모임터 역할을 충분히 수행한다면, 구성원들은 집단에서의 소속감을 통해 안정감을 충분히 느끼고 자신의 역량을 최대한 발휘할 수 있을 것이다.

놀이터

둘째, 놀이터는 안전한 업무 환경과 조직의 자유 기반 시스템 안에서 구성원들의 역량을 마음껏 발휘할 수 있도록 하는 장소다. 조직에서 구성원들의 뛰어난 역량을 발휘하도록 하려면 안전한 환경과 그들을 보호할 수 있는 보호장치가 필요하다. 또한 팀 내에 위기 상황이 닥치더라도 이를 극복하거나 미리 방어할 수 있는 시스템을 구축해야 한다.

안전하지 못한 근무환경이나 억압적인 조건은 직원들의 업무

수행에 부정적인 영향을 미치며, 그들의 역량 발휘를 제한할 수 있다. 하지만 조직이 구성원들의 자유와 안전을 보장하는 놀이터로서 그 소임을 다한다면, 그들은 상상력과 창의력을 제한 없이 발휘할 수 있다.

배움터

마지막으로, 배움터는 조직 내에서 리더가 꼭 실천해야 할 직원 육성의 중요한 역할을 강조하는 공간이다. 리더는 조직 구성원들의 성장을 촉진하기 위해 노력해야 한다. 성장은 인간의 기본 욕구이다. 또한 직원들은 자신의 리더를 본받아 성장하고자 한다. 그렇기 때문에 조직은 구성원들이 다양한 배움을 통해 성장할 수 있도록 끊임없이 지원해야 하며, 배움터의 역할을 충분히 수행할 수 있어야 한다. 만약 조직이 이 부분에서 소홀해진다면, 직원들은 이직을 고민하거나 업무에 수동적으로 대처하게 될 것이다. 직장 내에서의 배움은 직원들이 자신의 정체성을 찾고 성장하는 데 필수적인 요소이다. 그래서 조직은 항상 직원들의 배움을 지원하고, 적극적으로 관심을 기울여야 한다. 직원들이 배움에 만족하면 조직에 대한 신뢰를 높이고, 더 나은 성과를 이룰 수 있을 것이다.

이 책은 조직의 구성원들이 창의적으로 근무할 수 있도록 하여, 그로 인해 조직을 발전시키고 지속 가능하도록 하는 데에 있다. 이에 필요한 조직의 3가지 필수 요소는 앞서 설명한 모임터, 놀이터, 배움터가 되며, 이 요소들은 조직과 구성원들이 함께 성장하기 위해 모두가 숙지하고 실천해야 할 백과사전과 같은 지식이다. 백과사전이라고 소개한 이유는 이 세 가지가 결국 우리들의 삶터를 가능하게 만드는 교양 차원의 기본적 개념이기 때문이다. 따라서, 3가지의 요소가 안정적인 균형을 이루어 조직에 적용될 수 있도록 리더는 물론 구성원 전체가 이에 대해 논의하고 실천했으면 한다.

뜻이 맞는 사람들과 모여 평등하고 공정한 환경 안에서 자신이 열망하는 것에 대해 배우고 성장할 수 있는 곳, 안전이 보장된 곳에서 자유롭게 뛰어놀 수 있는 그곳이 바로 우리가 그토록 바라는 행복한 삶터의 모습이다. 이 책이 구성원들을 성장시키고 나아가 창의적 조직을 만드는 일에 작은 밑거름이 되기를 간절히 바란다.

목차

III 구성원들의 성장을 위한, 배움터

REAL
HAPPY

건강한
관계주의의
시작,

모임터

I

1. 풀리지 않는 조직의 블록체인 기술: 리좀형 구조로

그림 1- 사과나무(수목형)

저마다 뒤엉켜 연결된 뿌리들

사과나무 한 그루가 있다. 가을이 되면 이 사과나무에는 빨갛고 탐스러운 사과들이 주렁주렁 열린다. 사과나무가 건강하게 자라 맛 좋은 열매를 맺으려면 먼저 나무의 뿌리가 다치지 않아야 하며 오랫동안 건강해야 한다. 그래서 적절한 관리를 필요로 한다. 뿌리가 햇볕, 맑은 공기, 촉촉한 비, 비옥한 토양 등 좋은 양분을 저장하고 필요한 물을 충분히 흡수하도록 해야 한다. 하지만 뿌리는 보이지 않는 곳에서 자라고 있기 때문에 그 존재에 대한 중요성이 쉽게 간과되곤 한다.

나무의 뿌리들을 자세히 들여다보면 원뿌리, 겉뿌리, 저장뿌리, 물뿌리 등 모든 뿌리들이 저마다 뒤엉켜 있다. 그중 몇 개의 뿌리를 잘라버리면 잘라낸 뿌리와 연결되었던 다른 뿌리들은 시간이 지나면서 점차 양분을 잃어간다. 어떤 점에서 뿌리는 컴퓨터 암호화 기술인 블록체인과 유사한 구조로 이루어져 있다. 블록체인은 체인 형태의 연결고리로 구성되어 있어 해킹과 같은 위험성을 방지하는데, 뿌리도 비슷한 구조를 가지고 있다. 그러나 이러한 기술에서도 한계는 존재한다. 이 연결고리 중 한 개라도 끊어지면 연결된 다른 곳도 영향을 받아 끊어지고 만다. 이런 성질을 가진 뿌리의 조직 형태를 수목형이라고 부른다.

수목형은 좋은 결과물(사과 열매)을 만들기 위해 뿌리들이 저마다 역할을 충실히 다하며 지금보다 더 크게 성장하려고 한다. 하지만 수목형 나무는 한 개의 뿌리가 손상되면 다른 뿌리에도 영향을 미치기 때문에 생명력을 지속함에 있어서 분명한 한계가 존재한다.

수평적 평등사회 리좀

그림 2- 리좀 (사진 출차: 리서치게이트)

반면에 감자와 토란 등의 땅속 줄기형 뿌리들, 즉 리좀 (RHIZOME)은 모든 지점에서 열려 있어 다른 식물의 뿌리와 접속할 수 있다. 서로 접속된 뿌리들은 각자의 양분을 주고받으며 자기의 생명과 함께 다른 식물의 생명도 지킨다. 리좀은 산림 생태계에서 상호 연결성을 높이고 안정적인 환경을 유지하는 중요한 역할을 한다. 이러한 뿌리들의 상생 구조를 인간의 사회구조와 연결한 학자가 프랑스의 철학자 질 들뢰즈와 정신과 의사였던 펠릭스 가타리다.

리좀

▶ 리좀(RHIZOME)은 식물의 지하경인 뿌리와 줄기를 표현하는 것으로 들뢰즈와 가타리가 조직의 형태 중 하나로 사용한 은유적 용어.

▶ 네트워크와 같은 형태로 다양한 연결과 상호작용으로 이루어진 비계층적 사회구조.

『천개의 고원』에서 들뢰즈와 가타리는 수평 형태의 뿌리처럼 서로 연결된 사회구조를 리좀(RHIZOME)형이라 정의했으며, 리좀형 조직이야말로 다양한 접속과 배치를 통해 수평적 평등사회를 조성할 수 있다고 보았다. 그들은 "접속을 통한 개방과 다양성의 수용이 개개인의 역량을 드러내도록 작용하는 힘"이라 주장하며 끊임없는 연결과 접속들이 조직 사회의 유연성과 유동성의 성질을 지니면서 창발한다고 했다.

창발(Emergence)

▶ 복잡계에서 예측하기 어려운 새로운 속성이나 행동이 나타나는
  현상.

▶ 개별 구성 요소의 상호작용과 상호 연결성에 의해 발생.

▶ 개별 구성 요소가 합쳐지면서 부분 요소에 없던 것이 출현.

▶ 시스템 전체의 동적인 특성과 상호작용으로 형성됨.

▶ 자연과학, 사회과학, 경제학 등 다양한 분야에서 관찰됨.

조직의 안전성을 위협하는 수목형

다시 수목형으로 돌아와 보자. 수목형 조직은 리좀형과 대립하
는 조직 형태다. 리좀과는 전혀 다른 생태계에서 존재하며 뿌리와
가지, 그리고 줄기가 높이 솟아나는 수직의 형태로, 위계질서가
짙은 전형적인 하향식(Top-Down)의 권력형 조직이다. 수목형은
다른 어떤 것과의 접속도 철저하게 차단하고 오로지 자신만이 더
높은 가지로 솟아나기를 바란다. 이런 특성 때문에 뿌리들로 하여

금 새로운 무언가와의 접속과 연결을 차단하고 그들의 개방을 막는다.

수목형 조직은 위계질서가 붕괴하면 조직의 안전성에 문제가 생길 수 있으므로, 구성원들에게 강압적인 규율과 규칙을 부과하여 이를 지키도록 한다. 수목형의 성질이 강한 조직일수록 조직 내 정보를 직원들과 공유하지 않고 비밀로 한다는 사실도 알아야 한다. 이러한 이유로 조직이 수목형으로 수립되고 나면 기존에 수립된 계층적 질서를 쉽게 바꿀 수 없게 된다.

수목형의 장점이라면 조직 내 의사결정 방식이 복잡하지 않고 업무지시 과정이 단순해 빠른 일 처리가 가능하다는 점을 들 수 있다. 그러나 적합한 의사결정과 세밀한 부분까지도 살펴야 할 위기의 순간에 치명적일 수 있다. 흔히 알려진 조직 내 위계질서 구조인 상명하복으로 인한 단점들이 그 예가 된다. 커뮤니케이션의 왜곡, 책임감의 감소, 상위계층의 권력 집중 등은 조직 내 구성원들의 다양한 능력과 역할에 제약을 가할 수 있는 요인이다. 이러한 제약은 조직 내부의 협력과 창의성을 저해하며, 성과에도 부정적인 영향을 미칠 수 있다.

한곳에 뿌리내리지 않아야 새로움과 신선함을 생산

이제 주목할 사항은 수목형이 구성원들의 접속과 개방을 막고 그들의 자유성을 방해한다는 것이다. 또한 권력을 쥔 자들이 선호하는 방식으로 조직 시스템과 조직 문화가 경직되기 쉽고 과거의 이론과 시스템을 고수하면서 안정성을 추구하려는 경향이 강해 결국 조직의 발전과 혁신을 막고 우물 안 개구리처럼 되어 고인 물의 피해를 스스로 보게 된다는 점을 알아야 한다.

반면에 한곳에 뿌리내리지 않는 리좀형 조직이야말로 새로움과 신선함을 생산해 낸다. 구성원들의 다양한 아이디어와 풍부한 경험들이 1급수의 맑은 물을 만들고 능동적인 형태로 미래를 향해 나아가도록 한다. 또한 혼자서만 독식하지 않는 뿌리들이 다른 뿌리들과 영양분을 나누며 공유하듯, 리좀형 조직은 구성원들과 상호 보완 형태로 서로의 능력을 공유하고 자신과 타인의 성장을 함께 장려한다.

리좀형 구조로 변화하는 구글

20여 년 전, 구글은 미국의 실리콘 밸리에 위기가 왔을 때 개방과 접속을 통해 난관을 모면하고 혁신을 이뤄낸 경험이 있다. 당시 구글은 모든 개발자가 접속할 수 있는 플랫폼을 통해 오랫동안 연구하고 개발한 운영체제 특허기술 API를 개발자들에게 전면 공개했다. 독자적인 특허기술임에도 불구하고 누구나 그 기술을 활용할 수 있도록 개방한 것이다. 구글의 API 기술이 공개되자마자 개발자들은 그 기술을 활용해 다양한 애플리케이션을 만들고 구매자들에게 즐거움을 주었다. 또 다른 사례도 있다. 구글은 가상현실(VR)을 체험할 수 있는 카드보드의 설계도면을 공개한 적도 있다. 누구나 자유롭게 도면을 이용해 제품을 만들 수 있도록 한 것이다. 이렇게 공개된 카드보드의 도면은 사용자들로부터 새로운 아이디어와 함께 미처 파악되지 못한 문제점들을 발견하게 되었다. 구글이 위기를 극복하고 성장할 수 있었던 핵심 전략은 수목형 조직에서 리좀형 조직으로의 변화였다. 이를 위해 구글은 개방과 접속을 통한 연결을 시도했다.

수목형 조직이 아닌 리좀형 조직으로

이즈음, 우리 조직은 리좀형인지 수목형인지 생각해 보자. 중요한 점은 들뢰즈와 가타리에게서 얻은 리좀형 조직에 대한 성찰이 우리 조직뿐만 아니라, 다른 조직들과의 관련성에 대해서도 생각해 볼 여지를 준다는 점이다. 그리고 이런 성찰은 전 지구적으로 적용되어야 한다. 리좀형의 끝단은 지구 전체가 연결된 전 지구적 형태가 되기 때문이다. 한 개의 연결고리가 끊어지면 다음 연결고리에 영향을 미친다. 따라서 우리 조직이 전 세계를 선도하고 전 세계의 연결고리에서 끊어짐 없이 지속 가능하려면, 리좀형 구조를 향해 나아가야 한다. 접속과 개방을 수용하고 다양성을 품어야 한다는 것을 항상 염두에 두어야 한다.

2. 멤버십을 형성하는 힘 '시스템'

언어 학습 시작은 언어의 뿌리부터

　언어를 이해하고 사용하는 것은 매우 중요한 일이다. 하지만 이를 깊이 이해하고 활용하려면 해당 언어의 역사와 뿌리를 파악하는 것이 필수적이다. 언어의 뿌리를 파악하면 언어가 지닌 문화적, 사회적, 역사적인 배경을 이해할 수 있으며 이는 우리에게 언어를 더욱 효과적으로 활용할 수 있게 해준다. 따라서 언어 학습의 시작은 언어의 뿌리를 파악하는 것부터 이루어져야 한다. 언어의 뿌리를 알게 되면 언어가 지닌 깊이에 흠칫 놀라고 말 것이다.

　우리는 한자 한글 영어를 혼합해서 사용한다. 우리가 쓰는 영어는 대부분 라틴어와 그리스어의 뿌리를 가지고 있다. 그 뿌리를 제대로 알지 않으면 영어의 본래 의미도 모른 채 사용하게 된다. 필자는 다행스럽게 김동훈의 『키워드 필로소피』를 통해 단어의 뿌리를 조금이나마 이해할 수 있었다. 조직을 이해함에 있어서 통찰을 얻은 몇 가지 어근들을 소개하겠다.

공유와 교감의 하나됨

먼저 시스템의 뿌리어를 살펴보자. 『키워드 필로소피』에 따르면 시스템은 고대 그리스어 '쉬스테마(Systema)'에서 유래되었다는 것을 알 수 있다. '쉰+히스테마'의 결합어로 '쉰'은 '함께'를 의미하며, '히스테마'는 '서 있음'을 뜻한다. 두 단어를 결합하면 '함께 서 있음'이라는 뜻이며, 물리적 공간에 함께 서 있다는 것은 사회적 맥락 및 정서적 교감을 동시에 포함한다. 다시 말해, 시스템은 공동체, 조직, 가족 등 두 명 이상의 구성원이 모여 같은 공간에서 서로를 지지하고 협력하며 조화를 이룬 것이다. 이때 시스템에서 생기는 사회적 맥락의 공유와 정서적 교감이 바로 '멤버십'이다. 조직에서 시스템을 구축하는 이유는 조직에 속해 있는 구성원들이 함께 서 있는 형태로, 서로 협력하고 조화롭게 일할 수 있는 멤버십을 형성하기 위함이다. 따라서 조직 시스템을 설계하는 과정에서는 조직과 구성원 사이의 하나됨과 각 구성원의 멤버 의식이 희석되지 않도록 주의해야 한다.

시스템(System)

▶ 그리스어 쉬스테마(σύστημα)는 '함께 서 있음'이라는 뜻이며 상호작용하고 의존하는 구성 요소들의 집합으로 정의됨.

▶ 함께 동작하며, 상호작용과 상호 연결성을 통해 특정한 기능이나 목적을 수행함.

▶ 하드웨어, 소프트웨어, 네트워크 등 다양한 구성 요소들로 이루어짐.

▶ 물리적 공간, 사회적 맥락, 정서적 교감을 함께 나누는 멤버십에도 적용됨.

▶ 시스템은 동등성을 원칙으로 형성된 멤버십을 위한 체제 및 체계.

조직 시스템 중 기본적으로 갖추고 있어야 할 요소가 있는데 비전(Vision)과 미션(Mission) 그리고 핵심가치(Core Value)가 여기

에 해당한다. 『키워드 필로소피』는 이 3가지를 자세히 설명하고
있다. 지금부터 그 어원을 살펴보자.

미래상의 시각화, 비전

우선 영어 Vision의 어근은 라틴어에서 왔다. "라틴어로 visio,
그 동사 video가 되면 '나는 본다'라는 의미"로, 이는 앞으로 10년,
길게는 30년 간 조직이 달성하고자 하는 미래상을 시각화하고 장
기적으로 목표를 세우는 것과 관련한다. 예를 들어, 국가에서 아
이들을 위한 비전을 설계하려고 할 때, 아이들이 10년, 20년 후 어
떤 모습으로 성장해야 하는지를 생각해 본다. 많은 어른은 아이들
이 건강하고 자유롭게 성장하며, 그들의 꿈이 실현되는 행복한 삶
을 살아가길 바라는 모습을 그린다. 이런 비전은 하나의 문장이나
문구로 만드는 경우가 많은데, 이를테면 아이들의 미래를 상상해
본 후, '자유로운 삶, 꿈이 실현되는 행복한 미래' 같은 슬로건이
설정될 수 있다.

비전은 그물망처럼 촘촘한 설계와 철저한 계획으로 그려져야만

조직원들에게 공통의 목표를 인지시키고 자부심 및 달성하고자 하는 열망을 불러일으킬 수 있다. 비전은 시대의 흐름과 가치변화에 따라 조정될 수 있다. 그러나 비전을 짧은 주기로 교체하게 되면 구성원들에게 혼란을 초래할 수 있다. 비전에 따른 목표와 방향성의 변화로 직원들의 조직 내 구성과 배치가 변경될 수 있기 때문이다. 비전을 설계하는 과정은 시간과 비용이 소요되며, 구성원들에게는 적응 기간이 필요하다. 그러므로 조직의 비전은 장기적인 안목과 시각을 기반으로 조직의 목표와 가치를 고려하여 수립되어야 한다.

비전(Vision)

▶ 비전의 뿌리어인 라틴어 비시오(Visio), 그 동사 비데오(video)는 '나는 본다'라는 뜻으로 미래에 대한 소망이나 목표를 의미.

▶ 비전은 조직의 장기적 미래상을 시각화한 것.

존재 이유, 미션

두 번째 미션(Mission)을 살펴보자. 조직은 역량과 강점이 발휘되도록 직원들을 적합한 부서와 팀에 배치한다. 이런 배치로 임명하는 것을 소명(calling)이라고 하는데 소명 이후 주어진 임무를 미션이라고 한다. "Mission은 라틴어 Missio에서 왔다. Missio는 임무, 사명, 파견이며 Missio의 동사 Mitto가 되면 보내다, 파견하다"는 의미가 된다. 그래서 Missionary는 임무가 주어진 사람을 말하면서 외교사절이나 선교사를 뜻한다.

이때 Mission은 조직의 Vision과 반드시 연결되어 있다. 조직의 비전을 달성하기 위해 주어진 프로젝트의 직무나 업무가 미션에 해당한다. 그러므로 각 구성원에게 주어진 미션은 자신이 속한 조직의 '존재 이유'가 되어야 할 사항은 당연하다. 자기에게 주어진 그 몫을 완벽하게 수행했을 때에, 우리는 '사명 완수'라고 선언할 수 있을 것이다. 조직 내에서 능력자로 묘사되는 사람들은 흔히 자신에게 맡겨진 미션을 완벽하게 이행한 사람들이다. 그러나 자신에게 주어진 미션을 제대로 수행하지 않으면서도 타인이나 환경을 탓하며 불평불만을 표출하는 사람들은 조직 내에서 효율적

으로 능력을 발휘하기 어렵다. 이런 결과로 그들의 존재감은 점점

희미해지게 된다.

미션(Mission)

▶ 미션은 라틴어 미시오(Missio)에서 영어로 번역된 것. 그 동사 미
토(Mitto)는 '나는 보낸다'라는 뜻.

▶ 라틴어 Missio는 소명 이후 주어지는 임무, 사명, 파견을 뜻함.

▶ 미션(Mission)은 비전을 달성하기 위해서 맡겨지는 직무 및 업무
를 말함.

의사결정 기준점, 핵심가치

세 번째 조직의 핵심가치(Core Value)를 보자. "Core는 그리스어 카르디아(καρδία) 또는 케르(κήρ)에서 온 말로 '심장' 또는 '숙명'의 뜻이며, Value는 '영향력을 미치다' 라는 라틴어 발레레(valere)에서 왔다." 두 단어의 의미를 합치면 핵심가치는 '영향을 미치는 중심'이란 뜻이 된다.

핵심가치는 의사결정 시 무엇에 가치를 두어 판단할 것인가에 대한 기준과 준칙을 의미한다. 프로젝트를 진행하는 팀에서는 의사결정을 위한 기준점을 정하는 것이 중요하다. 이때 핵심가치가 큰 도움이 된다. 핵심가치는 팀원들이 공유하고 지키는 가치로, 프로젝트의 목표와 방향성을 결정하는 데 큰 역할을 한다. 핵심가치를 고민하고 정하는 과정에서 팀원들은 서로의 생각과 관점을 공유하고 이견을 조율하며, 팀 전체의 목표에 대한 공감대를 형성할 수 있다. 이에 따라 프로젝트가 원활하게 진행되고 성공적으로 완수할 수 있게 된다. 따라서 프로젝트가 진행될 때는 핵심가치를 중요시하고, 이를 바탕으로 의사결정을 내리는 것이 필수적이다.

핵심가치(Core Value)

▶ 핵심(Core)의 어원이 되는 그리스어 카르디아(καρδία)는 '심장'이라는 뜻이며, 케르(κήρ)는 '숙명'을 뜻함.

▶ 벨류(Value)는 '영향력을 미치다'의 뜻을 가진 라틴어 동사 발레레(valere)에서 파생됨.

▶ 조직이나 개인이 지향하는 가치 중 가장 중요하게 여기는 것.

▶ 조직의 문화와 정체성 형성.

▶ 조직의 목표와 비전을 달성하기 위한 방향성 제시.

▶ 조직 리더십에서부터 출발하여 전 직원들이 공유하고 지켜야 함.

▶ 핵심가치는 조직의 비전달성 과정에서의 의사결정 기준점.

만약 조직의 핵심가치가 책임, 환경, 안전이라면 의사결정의 기준은 이 세 가지 가치가 된다. 팀은 프로젝트의 진행 중에 책임감을 중요시하고, 안전을 지키며 환경에 기준을 둔 의사결정을 하게 된다. 이러한 이유로 조직은 구성원들이 올바른 결정을 내리고 그릇된 판단을 하지 않도록 하기 위해서는 핵심가치를 심사숙고해서 설정해야 한다. 핵심가치가 있을 때 조직 내부의 의사결정과 실행이 더 체계적이고 효과적으로 이루어질 수 있다. 그러므로

핵심가치에 따라 최고경영자부터 현장 직원들까지 모두가 회사의
가치체계를 이해하고 이에 따라 행동할 수 있어야 한다.

3. 인간성을 기반으로 시작하는 커뮤니케이션

동등함을 인정받기 위한 그들의 외침

조직의 업무 70%는 커뮤니케이션이라는 말이 있다. 어떤 내용이나 정보를 주고받는 과정에서 발생하는 커뮤니케이션을 우리는 소통이라고 부른다. 조직에 많은 부분을 차지하는 소통이 구성원들 사이에서 어떤 형태로 상호 교환되는지에 따라 조직 성과에 상당한 영향을 끼칠 수밖에 없다. 그래서 말투, 억양, 표정, 바디랭귀지 등 기술적인 소통 스킬을 넘어 이제는 커뮤니케이션의 본질적 의미를 이해하고 제대로 된 소통 시스템을 형성해야 한다. 그렇지 않으면 원인 모를 불쾌감과 함께, 조직 내 갈등을 유발하는 직접적인 원인으로 작용할 수 있다.

로마 건국 초창기 외적의 침입을 막고 로마인들을 보호하고자 진흙과 돌을 높게 쌓아 장벽을 만들었다. 그리고 이 장벽은 역사를 거치면서 성읍이 된다.

"로마의 성읍을 그들은 키비타스(civitas) 라고 불렀으며, 도시라는 뜻을 가지고 있는 영어 시티(City)가 키비타스로부터 왔다."

– 김동훈, 『키워드 필로소피』

그림 1– 성벽 (사진 출처: Pixabay 무료 이미지)

키비타스는 중세까지 귀족과 사제 중심으로 조직을 형성해 갔고 그들만이 강력한 권력을 행사했다. 그로 인해 오랜 세월 중세 시민들은 귀족과 사제들의 압제 아래 있었다. 한편 중세 말 장인, 상인계급이 등장하면서 그들은 키비타스가 아닌 부르구스에 살게 되었고, 강제로 세금과 병력을 공급하게 되었다. 그러던 중 북프랑스 지역의 부르구스에 살던 사람들은 부르구스의 자치권 획득 운동을 시작했는데 이를 '컴뮤니스(communis)', 불어로는 '코뮨(commune)'이라고 부른다. 지속적인 컴뮤니스 운동을 통해 북프랑스 지역민들은 세금 면책권과 함께 시민권을 획득할 수 있었다. 역사적 사건으로 볼 때 컴뮤니스 운동은 시민권과 참정권을 향한 운동인 동시에, 인간으로서 동등함을 인정받고자 외쳤던 인간성의 회복 정신이 깃들어 있었다.

인간성의 회복 과정, 커뮤니케이션

라틴어 컴뮤니스에서 나온 명사 컴뮤니카티오(communicatio)가 영어 '커뮤니케이션'이 된다. 따라서 영어 커뮤니케이션의 본질적 의미는 인간으로서의 동등성을 상실하지 않으면서 개개인의 자유권이 보장됨과 동시에, 조직의 일원으로 함께 권리를 회복하는 멤버십을 포함한다. 이 모든 것을 포괄하는 단어가 바로 인간성이라고 할 수 있다. 결국 커뮤니케이션은 인간성의 회복이다.

키비타스(civitas)와 부르구스(Burgus)

▶ 라틴어 키비타스는 도시나 국가를 의미하는 단어로 영어 시티 (City)의 어원.

▶ 부르구스는 작은 탑이나 요새를 의미하는 단어로 부르구스에 살던 사람들을 부르주아라고 불렀으며 초기에는 시민권과 참정권이 없었음.

▶ 높은 세금을 견디다 못한 북프랑스 부르구스인들은 세금 면책권을 포함한 시민권 획득 운동을 시작했는데 이를 컴뮤니스(불어로는 코뮌) 운동이라고 부름.

▶ 영어 커뮤니케이션(Communication)은 자유와 동등함의 멤버십 획득 과정.

인간성을 보장받지 못하면 구성원들의 열정과 에너지는 점차 사라지게 되고 역동적인 모습을 기대할 수도 없다. 만약 조직 내에서 소통이 단절된다면 소수의 권력자나 한 사람이 주도권을 갖고 다른 구성원들의 의견을 무시하는 현상이 발생할 것이다. 상·하 구분 짓기와 폭력이 난무한 억압적인 소통 방식은 조직의 불통을 만들고 구성원들 간의 갈등을 조장하며 조직을 수동적인 상태로 만드는 원인이다. 이러한 상황에서 무엇보다 구성원들의 의견을 최대한 수렴하려는 노력과 그들의 입장과 상황을 이해하고 존중하려는 자세가 필요하다.

소통의 기술보다 본질이 먼저

또한 커뮤니케이션의 본질적 의미는 동등한 인간성뿐만 아니라 하나로 연대하는 멤버십을 포함한다. 여기서 말하는 멤버십은 조직의 일원으로서 책임을 함께 지는 것을 의미한다. 자신에게 주어진 몫에 대한 책임과 함께 조직과 관련된 일에 대해서도 동등하게 책임지려는 자세를 말한다. 중세 말, 자치권 및 권리를 얻고자 했던 코뮌은 도시를 함께 일구고 도시에서 벌어지는 일에 대해서도 책임감을 갖고 함께 해결하겠다는 의지의 표현이었다. 예를 들어, 공동 소유의 정원을 가꿀 때 밭을 일구고 씨를 뿌리고 물을 주고 잡초를 뽑아내고 열매를 획득하는 데 있어서 어느 사람이라도 자신에게 주어진 몫을 게을리하지 않고 결과에 대해서도 함께 책임져야 했다. 그러므로 커뮤니케이션은 공동의 임무, 공동의 권리

그리고 인간성을 토대로 수행되어야 한다.

커뮤니케이션의 본질을 이해하지 못한 채 소통의 기술과 보이는 측면만 강조하게 되면 조직의 갈등과 구성원 간에 엉킨 불통의 실타래는 풀기 어려우며 쉽게 해결되지 못할 것이다. 요즘 조직은 구성원들 간의 소통을 원활히 하기 위해 말의 기술을 강조하고 있다. 소통의 기술은 협력을 촉진할 수 있지만, 장기적으로 갈등을 최소화하는 데에는 한계가 있다. 말의 기술만으로는 충분하지 않고, 상호 간의 이해와 존중이 함께 해야 비로소 원활한 소통이 가능해진다. 따라서 우리는 기술적인 측면을 배우기 이전에 먼저 커뮤니케이션의 본질을 깊이 이해하고 이를 바탕으로 인간성을 회복하려는 노력으로 소통을 시작해야 한다. 그래야만 조직 내 신뢰와 믿음이 형성되고 구성원들 간의 협력을 만들어낼 수 있다.

4. 혁신을 막는 의사결정 방식

다수결의 명과 암

구성원들은 조직의 목표를 달성하기 위해 매 순간 어떠한 일들을 선택하고 결정해야 한다. 이러한 과정에서 조직의 리더는 다양한 의견을 듣고 종합하여 목표에 부합하는 결정을 내려야 한다. 조직의 리더는 중요한 일을 결정하고 팀원들을 이끄는 상황에서 잦은 혼란과 함께 선택의 길목에서 주저할 때도 있다. 리더의 결정에 있어서 가장 나쁜 상황은 '사공이 많아 배가 산으로 가는 경우'이다. 이 사람 저 사람 의견에 동조하면서 우왕좌왕하다가 자칫 본래 의도에서 벗어난 엉뚱한 방향으로 의사결정을 내리기도 한다. 이럴 때 리더는 필요에 따라 다수결의 원칙을 적용하여 의사결정을 한다. 다수결 방식은 구성원들의 흩어진 이견을 조율하고 신속한 결정을 내리는 데 강점이 있다. 이때 리더가 조직의 정체성과 연결된 원칙을 다수결 과정에서 고려한다면 더욱더 합리적인 의사결정을 내리는 데 도움이 된다.

하지만 다수결의 방식이 매번 옳은 방향으로 팀원들을 안내하지는 않는다. 다수결은 분명한 명과 암이 존재한다. 인간의 판단력에는 한계가 있으며 다수결의 결정 과정에서 소수의 의견이 무시되거나 기발한 아이디어와 혁신, 그리고 창조의 기회를 놓쳐버리는 경우가 종종 일어난다. 이런 경우 예리한 시선으로 판단한 소수의 창의적인 의견들이 진가를 발휘할 수 없게 된다. 또한 리더가 의사결정 과정에서 다수의 의견을 따라야 한다는 무의식적 강박감이 직원들에게 무언의 압박으로 이어지고, 다수의 의견을 어쩔 수 없이 따라야 하는 직원들은 무시당한다고 느낄 뿐만 아니라 결국에는 그들의 말문을 굳게 닫도록 만든다. 특히 우리 사회는 '집단주의'라는 문화적 특징을 가지고 있어서 다수결의 방식이 더욱 강조되는 경향이 많다.

집단주의 문화를 바라보는 시선

　집단주의는 개인보다는 집단과 조직을 우선시하는 특징이 강하다. 개개인의 이익보다는 집단의 이익을 위해 행동해야 하며 또는 그렇게 해야만 조직이 잘 운영된다고 여기는 사고방식이다. 물론 집단주의 방식에도 강점이 있다. 조직의 목표를 단기간에 이룰 수 있는 효율성과 강력한 공동체 정신을 만든다. 하지만 집단주의는 개인의 희생과 억압을 암묵적으로 용인하고 때로는 강조하기 때문에 조직 안에서 내면적으로는 집단을 기피하고 개인주의를 형성하게 만드는 이유가 되기도 한다. 따라서 어느 하나를 고집하고 그것이 정답인 것처럼 구성원들을 몰면 새로운 아이디어와 혁신적인 접근 방식으로부터 멀어질 수밖에 없다. 개인의 창의성과 독립적인 사고는 집단의 지나친 통일성에서 자유로워질 때 비로소 발휘될 수 있다.

안될 거 뻔한데, 괜한 에너지 낭비?

사례를 살펴보자. 보안 회사인 S 사의 영업 팀장은 최근 리더십의 실패로 인해 큰 후회를 하고 있다. 얼마 전 진행 중이었던 프로젝트에서 관련 거래처의 업계 성격상 변하지 않는 규정으로 인해 진행 중이던 프로젝트 중단 위기가 왔고, 이 문제를 해결할 수 없다고 판단한 대부분의 팀원은 프로젝트를 포기해야 한다는 의견을 내놓았다. 팀장은 다수의 의견을 따르려고 했고 이 결정을 내릴 때 입사한 지 얼마 안 된 신입직원 한 명의 의견을 무시한 것이 주요한 실수였다. 당시 신입직원은 업계의 관행을 바꿔보고자 자신이 생각한 아이디어를 팀장과 팀원들에게 꺼냈고, 신입직원의 이야기를 들은 팀장과 팀원들은 코웃음과 함께 크게 호통을 치면서 '안될 거 뻔한데 괜한 에너지 낭비하지 말라'며 경고했다고 한다. 신입직원은 끝내 자신이 직접 방문해서 프로젝트가 계속 진행될 수 있도록 해보겠다고 팀장을 설득했고 팀장은 할 테면 해보라는 식으로 신입직원을 막지 않았다고 한다. 다음 날, 신입직원은 회사에 복귀한 후 팀장에게 보고했다. 자신의 방식으로 문제를 해결했으며, 업체를 방문해 지금까지 바뀌지 않았던 거래처의 규정을 수정했다고 했다. 팀장은 신입직원의 의견을 무시하고 적극적으로 지원하지 못한 자신을 후회했다. 그 순간들을 경험하고 나니 조직의 관례와 다수결의 원칙을 고집하기보다는 새로운 아이디어와 접근 방식을 존중하고 수용해야 함을 깨닫게 되었다.

조직 내에서는 소수의 의견을 듣고 경험이 적은 직원의 말도 경청하는 리더십이 중요하다. 이를 통해 조직은 다양한 의견들을 수용하며 창의성과 혁신성을 증진할 수 있다. 의사결정이 필요한 경우 다수결에만 의존하는 것이 아니라 소수의 의견에 귀를 기울이고, 그들의 목소리가 존중되고 들릴 수 있는 환경과 기회를 제공해야 한다. 조직 내에서 혁신적인 문제 해결 방법은 소수 목소리에 경청하며 의사결정을 내릴 수 있는 리더십에 달려 있다. 리더는 조직 내의 모든 의견을 수렴하고, 이를 기반으로 최선의 결정을 내리는 역할을 수행한다. 이를 통해 조직은 내부의 문제를 해결하고 발전할 수 있는 기반을 마련할 수 있다.

5. 당신의 관계주의 방식은 건강한가?

기적을 만드는 한국의 관계주의

조직은 공동의 목표를 달성하기 위해 구성된 사람들의 집합체다. 다수의 사람이 모여 일하는 조직은 상호 간 밀접하게 연결된 관계주의가 존재한다. 또한 관계주의는 한국사회의 독특한 문화적 특성이기도 하다.

관계주의란 사람과 사람 사이의 관계를 중시하고 가치 판단의 기준을 그 관계에 두고 있다. 또한 관계주의에 있는 개인은 종종 정당한 대가 없이 희생을 감수하는 것을 당연시한다. 따라서 관계주의의 개인은 정당한 보상을 기대하지 않거나 상대방에게 요구하지 않고, 오히려 희생 그 자체에서 충분한 만족을 느낀다. IMF

구제금융 요청 당시 국민이 자발적으로 참여했던 '금 모으기 운동' 은 우리의 이런 정서와 관련된다. 예를 들어 아무런 대가를 바라지 않고 집안의 금이나 달러 등을 자발적으로 국가에 기부할 수 있었던 이유는 '지금 곤경에 처한 저 사람들이 내 가족이나 동료일 수도 있다'는 관계주의적 가치관 때문이었다.

우리의 관계주의 정서는 국가를 돕고 나라를 구제하는 데 큰 역할을 했다. 가족이나 동료, 그것이 확장된, 특히 인간애를 중심으로 한 사회 전반에 대한 책임감과 배려심을 촉발했다. 한국의 관계주의 정서는 서로를 위로하고 따뜻하게 보살피며, 진심으로 다독여 어려움을 극복하도록 도왔다. 이러한 정서는 상호 간의 이해와 협력을 강화하여 우리 사회를 더욱 튼튼하게 만들어갔다. 특히 인격적으로 성숙한 사람들이 서로를 지지해주면 기적이 만들어지기도 했다.

관계주의를 이용하려는 사람들

관계주의는 조직 문화에서 올바르게 구축될 때 동료 간의 강한 유대감을 형성할 수 있으며 끈끈한 동료애를 만들어주지만 불안정한 상황에서는 악용될 가능성이 존재한다. 특히, 소수의 권력자가 관계주의를 이용하여 공공질서를 무너뜨릴 수 있어 관계주의는 치명적인 결점이 있다. 그 문제점으로는 '기대심리'와 '공과 사에 대한 경계 무너짐'이 대표적으로 지적된다. 이는 관계주의의 부적절한 활용으로 인해 조직 내부의 신뢰와 안전성이 훼손될 수 있다는 의미이다.

첫째, 인간관계에서 한쪽이 뭔가를 얻기 위해 선물을 주었을 때, 즉 베풀기보다는 자신의 권익을 기대하는 경우 그 선물은 뇌물이 된다. 뇌물의 사전적 정의는 '상대를 사사로운 일에 이용하기 위해 넌지시 건네는 돈이나 물건'이다. 법인카드를 이용하거나 공적인 자리에서 공금을 동원하여 자신이 베푼 것인 양 제공된 선물에 대해 기대한 만큼 권리나 이익이 돌아오지 않으면 상대에게 갈등의 불씨로 남을 가능성이 아주 크다. 사사로운 선물을 공적인 관계에 있는 자에게 제공하는 행위는 언젠가는 폭발할 수 있는 부정의 불씨를 키우는 것이므로 주의가 필요하다.

둘째, 관계주의 정서에서 기인한 친분은 공적인 자리에서 사적인 편향이 발생할 수 있는 문제를 야기하고 있다. 이는 아무런 평가와 분석 없이 자신이 아는 사람에게 한 표를 주는 것과 같다고 볼 수 있다. 특히 학연, 지연, 혈연 그리고 직연(직장 연줄)으로 이해관계가 얽혀 있을 때 이러한 문제는 더욱 뚜렷해질 수 있다. 이에 따라 공적인 자리에서는 개인적인 친분보다는 공정하고 객관적인 판단으로 결정하고 행동해야 한다. 이를 통해 이해관계의 부정부패를 방지하고, 더 나은 의사결정을 내리는데 이바지할 수 있다. 이는 단순한 개인적 우호나 친분이 아닌, 균형 잡힌 조직 문화를 유지하고, 모든 이해관계자에게 공평한 대우를 제공함으로써 조직의 투명성과 신뢰를 높이는 데 기여할 것이다.

좋은 게 좋은 거라고요?

사적 관계주의에 빠지다 보면 결국 정당한 대가를 받아야 할 사람이 오히려 불공정하게 대우받아 억울한 상황이 발생할 수 있다.

이러한 상황은 공과 사의 경계가 흔들리고 있다는 신호일 수 있다. "좋은 게 좋은 거지", "우리 사이에선 그러면 안 되지", "아는 사이니까 눈감아 줘", "지금 도와주면 잊지 않고 나중에 저도 도와드리죠"와 같은 말들이 오고 가면서 상황은 더욱 악화될 수 있다. 우리는 이런 상황에서 공정성이 훼손되지 않고 정당한 대가를 받을 수 있도록 공과 사의 관계를 명확히 구분하고 이를 유지하는 노력이 필요하다.

관계주의 정서가 편향되어 사적 친밀감으로 변질되면 공과 사의 경계를 철저히 지키지 않고 공정성을 무너뜨릴 수 있다. 따라서 조직 사회에서는 사적 관계가 아닌 공적 관계로써 유지되어야 하며, 사적 친밀감은 오로지 가족과 사랑하는 연인, 그리고 유일한 벗에게만 가능할 뿐이다.

6. 공정한 조직만이 살아남는다

학연, 지연, 혈연으로 변질된 편애성

   철학자 존 롤즈의 『공정으로서의 정의』와 『정의론』을 살펴보면 사회의 공정성이 무너지는 이유를 세 가지로 분류하고 있다. 첫째 학연, 지연, 혈연으로 변질된 "편애성"이다. 편애성은 친분관계와 긴밀한 연관이 있다. 이는 특정인과의 관계에서 이익을 누리는 동시에 자신에게 돌아오는 이익을 기대하는 것을 의미한다. 따라서 편애성으로 부정하게 이익을 본 특정인 때문에 다른 누군가는 손해를 보게 된다. 편애성으로 인해 마땅히 돌려받아야 할 것을 돌려받지 못한 사람들이 생기기 마련이다. 손해를 좋아하는 사람은 아무도 없다. 조직 내에서 리더가 특정 직원에 대한 편애성을 지속해서 보여준다면, 직원들은 그 조직에 남아 있으려고 하지 않을 것이다. 혹시 남아 있더라도 그들은 수동적인 태도만 취하려 할 것이다. 이러한 결과로 조직의 업무수행에 부정적인 영향을 미칠 뿐만 아니라 직원들 간의 신뢰도 또한 떨어뜨릴 수 있다. 결국 조직의 리더는 모든 직원을 공정하게 대우하고 편애 없이 객관적으로 판단하는 것이 상당히 중요한 역할임을 인식해야 한다. 또한 특별한 노력을 기울이거나 남들보다 뛰어난 성과를 보이는 직원들은 그에 상응하는 보상을 받아야 한다. 이러한 경우에도 리더는 사적이거나 비밀스러운 편애를 피하고, 공식적인 절차에 따라 칭찬하고 보상해야 한다. 이를 통해 조직 내의 공정성과 동기부여를 유지할 수 있다.

공정한 거래를 방해하는 정보 비대칭

존 롤즈가 주장하는 공정성을 훼손하는 두 번째 요소는 "정보 비대칭"이다. 정보 비대칭은 양쪽이 동등한 정보를 공유받아야 할 상황에서 한쪽이 다른 쪽보다 훨씬 더 많은 정보를 보유하는 상황을 의미한다. 이는 공정한 거래를 방해하며 특히 금융시장에서는 심각한 문제로 작용한다. 정보를 소유한 측은 그 정보에 기반하여 불공정한 혜택을 얻을 수 있으며, 이로 인해 시장의 투명성이 감소하고 거래 참여자들 간의 불평등이 증가할 수 있다. 이러한 현상은 금융시장의 시스템 안전성에 부정적인 영향을 미치며 국가와 금융 관련 기관은 이를 방지하기 위해 정보의 공유 및 접근에 대한 명확하고 공정한 규칙을 마련하는 데 주력해야 한다. 따라서 공정한 거래를 위해서는 정보의 대칭성을 유지하는 것이 중요하며, 조직 내에서 정보의 공개와 투명성이 보장되는 과정을 통해 공정성을 올바르게 유지해야 한다.

이러한 정보 비대칭에는 두 가지 형태가 있다. 하나는, 공유되어야 할 정보임에도 불구하고 특정인에게만 몰래 전달되는 형태다. 이 경우, 특정인이 특권적인 정보에 접근함으로써 다른 이들은 동등한 정보에 접근하지 못하게 되어 결국 손해를 보게 된다. 다른 하나는, 반대로 특정인을 제외한 대상자들에게는 절대로 공유되지 않아야 할 정보들이 무단으로 공유되는 형태다. 이는 민감한 정보가 부적절하게 노출됨으로써 비밀 유지가 필요한 상황에서 심각한 문제로 작용할 수 있다. 이렇듯 정보 비대칭은 정보의 신뢰성과 안전성을 저해할 수 있으므로 이를 예방하고 해결하려는 적극적인 대책이 필요하다. 하지만 정보를 독차지하는 이기적인 사람들이 있어 팀 내 혼란을 조장하는 경우가 있다. 이러한 현상을 막기 위해서는 권한이나 역할에 따라 적절하게 접근을 제한하는 정책을 마련하여 정보 대칭성을 유지해야 하며, 검증된 정확한 정보를 공유하고 거짓 정보를 퍼뜨리지 못하도록 조치해야 한다. 또한 새로운 프로젝트가 주어지면 팀 전체에 중요한 정보에 대해서는 모든 팀원이 동등하게 정보를 활용할 수 있도록 해야 한다. 정보는 팀의 성과에 직결되는 핵심자원이기 때문에 모든 팀원에게 정보의 대칭성이 유지되어야 한다는 것은 당연하다.

가장 약한 힘을 소유한 소수의 혜택 배제

공정성을 무너뜨리는 마지막 요소로는 "소수의 혜택 배제"를 주장한다. 이때 소수란 최소한의 혜택을 받은 최소 수혜자를 말한다. 그들은 사회의 공정성 문제로 피해를 보는 사람들이고 시장 경쟁에서 가장 적은 이익을 얻는 사람들이다. 사회에서 가장 약한 힘을 소유한 그들은 경쟁에서 밀려날 위험이 크다. 그래서 이들이 정치적, 사회적, 경제적인 참여를 할 수 있도록 사회의 배려와 지원이 필요하다. 만약 우리 사회가 상호 배려와 협력의 원칙을 지키지 않고 이익을 추구하는 이기적인 이익 집단으로 전락해버린다면 공정하고 평등한 사회를 구현하는 것은 불가능할 것이다.

조직도 마찬가지다. 비정규직, 일시적 계약직, 인턴 등 조직 내에서 힘이 약한 구성원들에게 극심한 계층 간 격차와 불평등을 형성하고 그들의 권리를 지키지 못하도록 만든다면 조직 내부의 상호 존중 체계는 완전히 무너지게 될 것이다. 점차 분열과 갈등이 일어나 장기적으로는 조직의 지속성에 영향을 미칠 수밖에 없다. "사람 위에 사람 없고 사람 밑에 사람 없는 법"이다. 조직 내 최소 수혜자들의 공정성을 위해 평등과 공평의 원칙을 철저히 준수해야 할 것이다.

불공정한 조직에 남아 손해를 보면서까지 일하고 싶은 직원이 몇 명이나 될까? 조직에서, 더 나아가 공공의 이익을 위해 권한을 가진 기관이나 정부도 마찬가지다. 불공정을 행사한다면 국민은 공정한 경쟁과 공정한 결과를 만들지 못한 국가에 대해 불신을 가질 수밖에 없으며 투명하지 못한 국가에 더는 희망을 품지 않는

다. 국민 없는 나라는 있을 수도 없으며 일하는 직원 없는 회사도
존재할 수 없다.

지금도 은밀하게 일어날 수도

 공정성을 무너트리는 3가지 요인, 즉 편애성, 정보 비대칭, 최소
수혜자의 배제는 지금, 이 순간에도 사회에서 그리고 우리 조직
안에서 은밀하게 일어날 수 있다. 중요한 점은 공정성 훼손의 문
제는 잘못된 관계주의에서 파생된 사적인 영역과 공적인 영역 간
의 경계가 모호해질 때 주로 발생한다는 것이다. 이로 인해 조직
내의 의사소통이 손상되고 구성원들 간의 신뢰가 훼손될 수 있다.
이를 해결하기 위해서는 조직 문화의 변화와 공정성을 강화하기
위한 효과적인 정책 및 규제 도입이 필요하다. 또한 편애성 및 정
보 비대칭을 방지하기 위해 투명하고 공평한 의사결정 프로세스
를 구축하고 최소 수혜자의 배제를 막기 위해 모든 구성원이 참여
할 기회뿐만 아니라 조직에서 제공되는 자원을 동등하게 활용할
수 있는 환경을 조성해야 한다. 이렇게 함으로써 조직 내의 공정

성을 더욱 강화시킬 수 있으며, 향후 발생할 수 있는 공정성의 훼

손을 미리 예방할 수 있다.

7. 절차 없는 조직의 결말

조직의 공정성을 보장하는 절차

조직의 공정성을 보장하려면 구성원들이 따라야 할 규칙과 규정을 명확하게 정립해야 하며, 정립된 규칙은 모든 구성원에게 동일하게 적용되어야 한다. 이를 위해 조직은 공식적인 절차와 명시된 단계를 마련하는 것이 매우 중요한데, 만약 리더가 조직의 절차가 명시되어 있음에도 불구하고 독단적으로 의사결정을 내려버린다면 구성원들은 조직의 공정성을 리더가 언제나 무시한다고 여길 것이며, 이로써 리더는 물론 조직 전체에 대한 불신이 생길 수 있다. 따라서 리더를 포함한 조직의 모든 구성원은 크고 작은 업무를 진행할 때 정해진 절차를 따르는 것이 필수적이며, 조직의 공식적인 절차를 준수하고 그것에 맞게 행동해야 한다. 결국 절차는 조직 운영의 핵심이며, 이를 통해 구성원 간의 신뢰와 업무상 이루어지는 과정이 효율적으로 진행될 수 있다. 이제 절차의 중요성을 이해하기 위해 그 어원을 살펴보도록 하자.

퇴행을 막는 조직의 절차성

절차란 영어로 프로세스(Process)다.

"Process의 어근은 라틴어 'pro'인 '앞으로'와 'cado'의 '걸어가다'가 합쳐져서 나온 '프로케숨'(processum), 즉 '앞으로 나아감'에서 온 말이다."

– 김동훈, 『키워드 필로소피』

어근으로 볼 때 절차란, 목표를 달성하려고 앞으로 나아가는 일련의 과정이다. 즉 절차를 무시하는 조직은 항상 '제자리'이거나 '퇴행'이 된다는 의미가 된다. 만약 조직이 이러한 절차 없이 프로젝트를 진행한다면 업무수행이 불안정해질 여지가 많고 혼란이 생길 수 있다. 또한 절차 없는 일 처리는 발전이 없고 중구난방으로 흩어져 필요한 정보와 충분한 자원이 확보되지 않아 품질이나 결과의 완성도를 떨어뜨릴 수 있다.

조직의 절차를 따르는 것은 기계의 부품을 조립하는 과정과 같다. 정확한 프로세스와 메뉴얼을 필요로 하며, 각 부분이 조화롭게 동작함으로써 전체 시스템이 원활하게 기능할 수 있도록 한다. 특히 기계 부품 조립에서는 각 부품이 특정한 순서와 방식에 따라 조립되어야 한다. 그렇지 않으면 기계에 오류가 발생하고 고장이 잦아진다. 이와 마찬가지로 조직에서도 업무 및 의사결정, 그리고 다양한 프로젝트 진행 시 조직에서 수립한 정확한 절차를 따르며 수행해야 한다. 이를 통해 조직 전체의 안전성을 유지하며 목표하는 방향으로 나아갈 수 있기 때문이다.

공정성을 훼손하는 권위적인 절차

구성원과 합의된 조직의 공정한 절차는 일의 능률을 올리고 공정성을 훼손하지 않기 때문에 조직의 신뢰도를 높인다. 여기서 중요한 점은 절차의 구성 내용이 한쪽에게 이익을 주거나 다른 한쪽에게 피해를 줄 수 있는 사항들인지 사전에 점검해야 한다는 것이다. "절차대로 합시다!", "절차대로 한 겁니다!"라는 말이 힘없는 누군가에게는 억울한 상황으로 몰릴 수 있기 때문이다. 따라서 올바른 절차를 구성하되, 설계된 절차가 낡은 방침이거나 쓸데없는 권위를 부릴 수 있는 경우라면 반드시 수정하거나 상황에 맞게 변경해야 한다. 이에 따라 조직에서의 올바른 절차 수립을 위해서 평등, 공정, 공평의 세 가지를 고려하여 설계한다면 보다 체계적이고 견고한 절차를 수립할 수 있다. 이제 이러한 원칙이 확보된 절차를 생각해 보자.

새로운 프로젝트가 팀에 주어졌을 때, 팀장은 소속 팀원들과 의견을 모으고 문제점을 찾아 대안을 탐색하는 과정을 진행하며, 최종적으로 팀원 모두가 합의하는 최적의 해결방안을 찾아 의사결정을 내리고 행동한다. 이때 팀장이 빠른 일 처리를 위해 능력 있는 몇몇 사람에게만 업무를 주거나 특정인에게 일감을 몰아준다면 팀원들의 불만은 커질 수밖에 없다. 프로젝트 효율성을 위해 일 잘하는 직원을 앞세우다가는 임무를 받지 못한 다른 직원들은 공평한 기회를 얻지 못했다는 불평등 때문에 더 이상 능동적으로 프로젝트에 참여하지 않으려 할 것이다. 그렇다고 리더가 모든 일에 있어서 많은 시간과 에너지를 들여 일일이 세부적으로 처리하기에는 업무량이 상당히 많다. 그러나 자칫 리더가 절차를 무시하고 신임하는 직원에게만 업무를 부여하면 잘하는 직원에게는 당근을 더 주고 부족한 직원에게는 당근은커녕 채찍질만 더욱 세게

하게 되어 직원들 간의 능력 격차를 벌어지게 하며 소외감만 발생
시킨다. 이럴 때 직원들은 공정하지 못하다고 생각하거나 자신의
처지가 부당하다고 느낄 수 있다. 리더의 실수 하나로 조직의 공
정성에 금이 가지 않도록 하려면 올바른 절차적 합리성의 규칙들
을 적용해야 한다.

8. 다중지성을 만드는 리더의 절차적 접근

　절차적 합리성을 형성하는 조건들은 매우 다양하며 조직에서 이를 구축하기 위해서는 절차적 합리성에 관한 연구들이 꾸준히 이루어져야 한다. 그중에서 비교적 어렵지 않고 시스템적으로 구축할 수 있는 부분들을 설명하고자 한다.

> ## 절차적 합리성
>
> ▶ 의사결정 과정에서 합리성을 달성하기 위한 이론.
> ▶ 경제학자 허버트 사이먼(1916~2001)에 의해 제시됨.
> ▶ 제한된 정보와 시간 내에서 최선의 결정을 내리기 위해 절차적 합리성 필요.
> ▶ 일관성, 정보수집, 분석, 선택 등의 단계를 거쳐 최적의 결정 내리기.
> ▶ 이 개념은 경제학뿐만 아니라 조직 이론, 행정학, 법학 등 다양한 분야에 적용됨.

목적지를 잃고 엉뚱한 방향으로 가지 않으려면

첫째, 팀원들에게 프로젝트의 목적과 목표를 명확하게 인지시키는 과정이 이루어져야 한다. 이는 프로젝트가 가고자 하는 방향에서 이탈하지 않도록 도우며 직원들이 프로젝트에 꼭 맞는 필요 자원을 충분히 공부하고 제공할 수 있도록 안내한다. 프로젝트와 관련 없는 정보가 때로는 환기를 시켜 주기도 하지만 이는 우연한 일치에 불과하며 획기적인 아이디어의 물꼬를 트는 경우의 기회는 적다. 밟고 가야 할 징검다리는 밟지 않고 다른 징검다리를 밟고 가는 사람은 도착지가 다를 수밖에 없다. 그러므로 주제와 목표에 집중할 수 있도록 정확하게 안내해야 한다. 가끔가다가 목적지를 잃고 엉뚱한 방향으로 최종 의사결정이 내려지는 경우라면 프로젝트의 목적과 도달해야 할 목표가 명확하게 전달되었는지 살펴봐야 한다.

모두의 참여를 위한 다양한 플랫폼 제공

둘째, 가능한 모든 팀원의 참여를 적극적으로 유도해야 한다. 팀의 리더는 직원들이 쉽게 접속할 수 있는 다양한 플랫폼을 제공하여 참여를 촉진할 수 있다. 대면과 비대면을 엄격하게 구분하지 않고, 서로의 의견을 자유롭게 묻고 답할 수 있는 장(플랫폼)을 마련하는 것에 중점을 두어야 한다. 왜냐하면 한두 명의 의견보다는 다양한 시각과 아이디어가 모여야 비로소 가치 있는 결정과 혁신이 이루어지기 때문이다. 즉 많은 사람이 참여함으로써 가치 있는 제안과 협업이 촉진된다는 의미다. 또한 자신이 참여한 일에 대해서는 적극적으로 관심을 두고 임하게 된다. 이는 조직의 목표에 구성원들의 의견이 기여하게 되는 중요한 요소다. 이러한 과정은 개인의 업무에 대한 흥미를 높이게 되는 긍정의 결과를 가져온다.

물론 소극적인 태도의 직원이 있을 수 있다. 이유는 다양하다. 귀찮아서, 할 일이 많아서, 일이 재미없어서 등등 여러가지 이유가 있겠지만 동료들과 함께 공통의 목표를 달성하기 위해서는 모든 구성원이 참여해야 한다는 것을 간과해서는 안 된다. 남들보다 일을 적게 하려고 생각하는 것은 옳지 않다. 함께 일하는 동료들과 땀 흘리며 최선을 다한 프로젝트의 과정들은 우리를 꾸준하게 성장하도록 만든다. 이럴 경우 소극적인 태도에 대해 나무라기 보다는 일에 대한 목적성과 성과에 대한 큰 그림을 팀원들에게 꾸준히 제공하도록 하자.

업무의 공정한 분배와 책임의 명확성

셋째, 업무에 대한 역할과 책임의 명확한 분담이 필요하다. 그

것을 위해서 업무 쏠림 현상이 일어나지 않도록 업무 분배를 공정하게 해야 한다. 일 잘하는 사람에게 일을 더 맡기거나 일 못하는 사람에게 일을 주지 않는 모습은 정당하지 않다. 연봉 수준이 비슷한 상황에서 일을 더 많이 하고 싶은 사람들도 없고, 일할 기회를 박탈당하고자 하는 사람들도 없다. 팀의 리더는 특정 직원에게 일의 쏠림 현상이 일어나지 않도록 팀원들에게 부여되는 업무량이 균형을 이루는지 살펴야 한다. 이에 대한 정보는 주기적인 직원의 면담과 상호 피드백을 통해 확인할 수 있다.

또한 팀원들이 자신의 역할과 책임을 명확히 이해하고 있는 것은 효율적인 협업을 가능케 한다. 리더는 프로젝트 수행 중에 발생할 수 있는 문제에 대한 책임이 나타날 수 있는 상황을 미리 팀원들에게 알려야 한다. 이렇게 함으로써 직원들은 발생 가능한 위험을 미리 알고, 모두가 함께 책임을 져야 한다는 의식을 공유할 수 있게 된다.

이의제기의 올바른 가이드라인

넷째, 참여자는 누구든지 눈치를 보지 않고 자유롭게 이의제기할 수 있는 절차가 있어야 한다. 이의제기는 안건의 결정, 조치, 의사 등이 적합하지 않을 때 나온다. 또한 이의제기는 오류를 바로잡게 하며 참여자들의 생각을 확장한다. 그러나 이의제기의 과정들이 타인의 감정을 불쾌하게 하거나 이유 없는 비방이 되어서는 안 된다. 이의 제기자의 권리는 당연히 보장받지만 터무니없는 비방으로 다른 참여자에게 피로감을 주게 되면 팀원 전체의 분위기를 침체시키고 참여자들의 의욕을 떨어뜨릴 뿐만 아니라 프로젝트의 질을 낮추게 된다. 리더는 이의제기의 올바른 가이드 라인을 세워 프로젝트를 진행해야 한다. 다음의 조건을 참고하자.

1. 이의제기 대상을 명확히 지정하도록 한다.
2. 문제점에 대한 근거와 이유를 밝혀 정당성을 증명하도록 한다.
3. 이의제기자는 문제점을 논의하기 위한 해결책(대안)을 제시하도록 한다.

4. 제출된 이의제기와 해결책은 다른 참여자들의 동의와 답변을 얻어야 한다.

5. 이의제기가 거절될 때 타당한 이유를 밝히도록 한다.

6. 동의를 얻는 이의제기가 프로젝트의 새로운 논점 주제가 되어야 한다.

곧은 것은 한결같이 속인다

이견이 없는 토론은 완벽하다고 생각하면 오산이다. "곧은 것은 한결같이 속인다. 진리는 하나같이 굽어 있으며 시간 자체도 둥근 고리다." 니체가 한 말이다. 아무 이견 없는 토론은 완벽하기보다는 침묵하기 때문에 생긴다. 침묵은 결코 긍정이 아니다. 종종 의견 차이를 무시하거나 문제를 회피하는 모습일 수도 있다. 반면 토론은 때때로 불만이나 의견 충돌을 일으키기도 한다. 하지만 기대 이상의 결과를 도출하는 토론은 이러한 충돌을 막으려 하기보다는 오히려 그것을 개선의 기회로 삼을 때 나타난다. 즉 조직의 역동적인 분위기에서 창출되는 경우가 많다. 그래서 조직 내 적극적인 토론 문화를 확립하고, 참여자들이 자유롭게 의견을 나눌 수 있는 환경을 조성하는 것이 무엇보다 중요하다. 이를 통해 조직은 더욱 강화된 의사결정과 협력의 기반을 구축할 수 있다.

의사결정을 좁혀가는 합의

마지막 절차적 합리성을 위한 다섯째는 의사결정을 좁혀가는 합의다. 프로젝트의 최적 안을 선정하기 위해 광범위한 의견들은 단계를 거듭할수록 좁혀져야 한다. 토론만 계속하기에는 시간을 낭비하거나 효율성을 떨어뜨릴 수 있다. 또한 오랜 시간과 에너지를 투자한다고 해서 매번 좋은 해결책이 나온다는 법은 없다. 때로는 예상보다 빠른 시간 안에 최적 안이 도출되기도 한다. 하지만 모두의 합을 맞춘다는 것은 쉬운 일이 아니다. 직원 세 명이 함께 먹을 점심 메뉴를 정하기도 어려운 일 아니던가. 따라서 필요하다면 다음 단계로 진행하기 위해 참여자들에게 거수나 간단한 투표 방식을 요구할 수 있다. 여기서 가장 중요한 것은 프로젝트의 가치다. 이 프로젝트가 지향하는 가치를 사전에 정의한 후 그

가치에서 벗어나지 않는 선에서 합의점을 이루어 나가면 된다.

절차적 접근 시스템

절차적 접근	생략될 경우 발생할 수 있는 리스크
프로젝트의 목적과 목표에 대한 명확한 전달	프로젝트가 지향하는 방향에서 이탈됨
팀원들의 참여도 높이기	제한된 의견과 풍부한 아이디어 결여
역할과 책임에 대한 공정한 분담	업무량의 불균형 및 책임 회피
자유롭게 이의 제기할 수 있는 절차 마련	참여자들의 의욕 저하 및 협력 붕괴
의사결정을 좁혀가기 위한 합의 과정	시간 낭비 및 효율성 저하

지금까지의 과정과 결과에 대해서는 구성원들에게 투명하게 정보가 공개되어야 하며 필요시 기록하여 남겨질 수 있다. 이러한 절차와 원칙을 준수함으로써 공정성을 보장할 수 있고 신뢰 기반으로 작용한 조직의 역동을 만들 수 있다.

다중지성을 탄생하게 만드는 절차적 합리성

활동 및 역동성을 의미하는 다이나믹(dynamic)은 잠재력을 뜻하는 그리스어 듀나미스(δύναμις)에서 왔다. 김동훈은 『리더의 언어사전』에서 "듀나미스는 '힘', '에너지', '가능성'이라는 뜻을 가지고 있으며 잠재력이나 역량"의 의미로 설명한다. 결국 조직이 활동적이고 역동적인 모습으로 발현되기 위해서는 구성원 개개인들의 숨겨진 잠재력이 힘을 얻어 현실로 나타나야 하며, 그들의 역량이 합해져 창발된 모습이 다이나믹이라고 볼 수 있다. 이와 같은 상황에서 탄생하는 조직의 결과물 중 하나가 바로 다중지성이다.

다중지성은 조직 내에서 창의성과 혁신을 촉진하는 핵심 요소 중 하나이다. 다중지성은 다양성과 포용성이 강조된다. 이때 리더가 조직의 다중지성을 위해 올바른 절차적 합리성을 만들고 구성원들을 참여시키면 구성원들은 자신의 의견을 자유롭게 표현하고 기여할 수 있게 된다. 이는 조직 내에서의 협력과 소통을 강화할 뿐 아니라 끊임없는 조직의 발전과 강력한 경쟁력을 만들 수 있게 된다. 따라서 조직원 전체가 모여 역동적인 다이나믹을 일으키기 위해서는 체계화된 절차적 합리 과정들을 만들고 적용해야 한다. 조직의 역동은 절차적 합리성을 무시하고는 절대로 만들어질 수 없다.

역동/역량/잠재력과 관련된 다이나믹(dynamic)

▶ 그리스어 듀나미스(δύναμις)는 '힘, 에너지, 가능성'으로 잠재력을 의미하며 영어 다이나믹(dynamic)의 어원.

▶ 역동은 구성원 개개인의 역량이 현실로 드러나 서로의 합을 이룰 때 나타남.

▶ 폭약의 다이너마이트 어원은 그리스어 듀나미스(δύναμις)에서 옴.

1장을 마치며

– '유익함, 즐거움, 탁월함'이 올바른 우정 관계를 만든다

인간의 '정'과 매슬로의 욕구 이론

절차적 합리성이 제대로 작동하지 않는 이유는 정(情)을 핑계 삼아 사회적 공정성을 무너지게 만드는 사람들 때문이다. 인간은 '정'에 민감하며 '정'을 필요로 하는 본성이 있음을 전문적으로 이해해야 한다. 이는 곧 사람은 혼자 있을 때보다 사회 공동체에 속해 있을 때 안정감을 느끼며, 사회적 연결성을 강조하는 본질적인 특성을 갖기도 한다. 미국의 심리학자였던 에이브러햄 매슬로(1908-1970)는 그의 저서, 『매슬로의 동기이론』을 통해 이를 '소속

의 욕구' 혹은 '사회적 욕구'라 정의한다. 그런데 인간의 사회적 욕구를 교묘하게 이용하려는 사람들이 있다. 소속의 안정감을 내세워 친밀감을 형성하고 이를 수단으로 활용해 자신의 이익을 취하려는 사람들이 사회의 공정성을 망치고 있다.

에이브러햄 매슬로(Abraham Maslow)의 욕구 이론

▶ 인간의 욕구를 생리적 욕구, 안전 욕구, 소속 욕구, 자아 존중 욕구, 자아실현 욕구의 다섯 가지 계층으로 분류함.

▶ 욕구들이 계층적으로 충족되어야 다음 단계의 욕구로 나아갈 수 있다고 함.

▶ 자아실현 욕구를 향해 나아가는 과정에서 내적인 성장과 개발을 경험함.

▶ 인간의 동기와 행동을 이해하는 데에 큰 영향을 미침.

하지만 상식적이고 올바른 사회나 조직은 절차적 합리성을 매우 중요시하며 공정한 절차를 통해 서로의 합의를 이끌어 내고 보편성을 확보한다. 이런 조직은 다중지성을 활용하여 협업의 원동

력을 얻으며 건전한 관계 속에서 동료애를 실천한다.

조직의 건강한 우정 관계, 동료애

우리는 동료애를 사회적 관계에서 형성된 우정으로 정의할 수 있다. 우정의 관계 또한 올바른 관계로 발전할 수 있도록 노력해야 한다. 아리스토텔레스는 『니코마코스 윤리학』에서 인간의 올바른 우정 관계(Philia)에 대해 말했으며, 이를 위해서는 3가지가 필요하다고 설명한다. 첫째가 유익함이다. 양쪽 모두 이롭거나 도움이 될 만한 무언가가 있어야 한다. 만약 한쪽만 이익을 얻거나 언제나 유리한 입장을 고수하고 주장한다면, 이는 양쪽이 동등하게 혜택을 누릴 수 없으며, 상대방은 손해를 보게 되어 갈등을 초래할 수 있는 관계가 된다. 이는 좋은 우정 관계라고 할 수 없다.

둘째, 우정을 위해서는 즐거움이 함께해야 한다. 함께 있을 때 기쁘거나 기분 좋은 감정이 있어야 하는데, 어느 순간 같이 있을 때마다 불안하거나 불편한 마음이 들면 그것은 우정 관계가 아니다. 우정의 관계는 짧은 대화만으로도 상호 간의 즐거움을 느낄 수 있어야 한다. 또한 같은 공간에서 무언가를 함께 나눌 수 있는 기쁨이 느껴지는 관계는 좋은 우정의 관계로 평가된다. 이러한 관계는 서로를 이해하고 존중하는 모습에서 형성될 수 있으며, 서로에게 희생과 배려를 보여줄 수 있는 건강한 친밀관계로 발전한다.

셋째는 탁월함을 지녀야 한다. "그 사람은 정말 탁월해"라는 말에는 두 가지 의미가 담겨 있다. 그 사람의 탁월함은, 능력과 덕을 모두 갖추었다는 뜻이다. 간단히 말하자면 일도 잘하면서도 예의와 덕을 지키는 사람이다. 만약 우리 팀의 리더가 능력은 있는데 덕과 배려심이 없다면 어떨까? 실적은 탁월하지만, 팀원들을 배려하지 않는 행동이나 이기심만 가득한 리더는 존경받기 어렵다. 반면에 덕이 상당한 것 같지만 팀원들을 이끌 능력이 부족한 리더는 교체되거나 그 팀이 해체될 수 있다. 그러한 리더가 탁월하다고 보기 어렵고, 직원들이 존경할 마음을 갖지 않는다.

아리스토텔레스는 능력과 덕 중 하나라도 부족한 사람은 탁월한 사람이 아니라고 말한다. 그가 우정 관계에서 이런 탁월함을 강조한 이유는 우정이란 한순간 획득되는 것이 아니라, 상대방의 능력과 덕을 인정하며 존중함과 동시에 자신의 능력과 덕을 성장시켜야 하는 데에서 비롯되기 때문이다.

┌───┐
│   │
│   **아리스토텔레스가 정의한 우정의 관계**   │
│   │
│ ▶ 유익함을 위한 관계.   │
│ ▶ 즐거움을 위한 관계.   │
│ ▶ 탁월함을 위한 관계.   │
│   │
└───┘

공적 관계에서 유지되는 동료애

또한 아리스토텔레스는 사회 공동체 안에서 이루어지는 모든 인간관계는 철저하게 공적 관계로 정의하고 있다. 공동체 내에서 공적 관계가 부족하고 개인적으로 친밀한 관계만 형성된다면 이는 많은 비리와 편애를 일으키며 공정성을 훼손시킬 수 있다고 말한다. 공적 영역에서의 사적 친밀감은 이기심이 가득한 가면에 불과하며, 조직과 사회를 혼란스럽게 만드는 주범일 뿐이다. 따라서 사회나 조직 속에서 개인적인 이해관계보다는 공적인 목적을 위해 노력해야 한다. 이는 좋은 우정과 신뢰를 만들어내며 더 나은

공동체와 사회를 만들어갈 수 있는 기반이 될 것이다. 이 모든 것

이 모임터에서 갖추어야 할 필수 사항이다.

✓
모임터
Check Point!

내일의 행복을 장담할 수 없는 이유는,

강제된 환경속에서 내가 하고 싶은 일, 이루려고 하는 꿈들을

마음껏 펼치지 못하기 때문이다.

조직이 구성원들에게 진정한 삶터로 인식되는 순간,

구성원들은 자신이 속한 조직이 지속 가능하도록 함께 도울 것이다.

리좀형은 모든 지점에서 열려 있어 다른 식물의 뿌리와 접속할 수 있으며,

자기의 생명과 함께 다른 식물의 생명도 지킨다.

커뮤니케이션의 본질은 인간성의 회복이다.

소수의 권력자가 관계주의를 이용하여

공공질서를 무너뜨릴 수 있기 때문에,

관계주의는 치명적인 결점이 있다.

"좋은 게 좋은 거지", "우리 사이에선 그러면 안 되지",

"아는 사이니까 눈감아 줘", "지금 도와주면 잊지 않고 나중에

저도 도와드리죠" 같은 말들이 오고 간다면 위험하다.

사회 공정성이 무너지는 이유는 편애성, 정보 비대칭, 소수의 혜택 배제이다.

다중지성은 다양성과 포용성이 강조된다.

사회 공동체 안에서 이루어지는 인간관계는 공적 관계다.

REAL
HAPPY

역량을
펼칠 수 있는
필수 요건,

놀이터

II

1. 놀이터와 일터: 창의성과 협력의 공간

지금도 그네를 타보고 싶은 이유

　놀이터는 어린이들이 활동적인 에너지를 마음껏 소비할 수 있는 곳 중 하나다. 추운 겨울에도 점퍼를 벗고 뛰어놀며 아이들의 이마에 땀방울을 맺게 하는 활력의 장소인 동시에 능동적으로 활동할 수 있는 창의적 공간이다.

그림 1- 그네(사진 출처: flaticon 무료 이미지)

성인이 된 이후 어느 날 문득 놀이터의 추억을 소환할 때가 있다. 그네, 미끄럼틀, 철봉, 정글짐, 뺑뺑이(지금은 사라진 놀이기구) 등 각각 하나의 놀이기구를 가지고서도 다양한 규칙들을 세워 색다른 놀이문화를 탄생시켰던 그때의 기억을 떠올리자니 무심코 웃음이 흘러나온다. 가끔 놀이터 옆을 지나다가 비어 있는 그네를 보면 나도 모르게 타보고 싶은 욕구가 생기는 것은 자유롭게 뛰놀았던 어린 시절이 그리워서가 아닐까?

균형을 맞추어 즐겁게 놀자, 시소

그림 2– 시소(사진 출처: flaticon 무료 이미지)

놀이터에서는 아이들이 나이에 상관없이 자유롭게 놀이를 즐긴다. 이는 많은 아이들과 빨리 어울려 더 큰 즐거움을 얻기 위해서라면 반드시 지켜야 할 규칙이다. 나이를 따지면 자신과 같은 나이의 친구들과만 놀게 되어 색다르고 다양한 놀이 경험을 하기 어렵다. 그럼에도 불구하고 안전하고 즐거운 놀이를 위해 나이를 어림잡아야 할 필요가 있는 놀이기구가 하나 있다. 다름 아닌 시소다. 시소를 탈 때 양쪽 균형을 맞추지 않으면 상당히 위험하거나 즐거움을 얻기가 힘들다. 그래서 아이들은 시소를 안전하고 재밌게 타려고 눈대중이라도 나이에 따른 몸무게를 맞춰야 한다는 것을 알고 있다. 그렇지 않으면 무거운 쪽은 계속 내려가 있고, 가벼운 쪽은 땅에 다리가 닿지 않아 언제 떨어질지도 모른다는 불안감에 다른 놀이기구를 향해 달려갈 것이다. 시소를 계속해서 타고 싶은 아이들은 방법을 생각해 낸다. 무게가 덜 나가는 아이 앞에 함께 타고 싶어 하는 가벼운 친구 한 명을 합류시키거나, 무게가 있는 아이가 앞쪽 좌석으로 자리를 옮겨 자신의 무게를 덜어주면 된다는 것을 알게 된다. 이런저런 다양한 시도를 거쳐 시소의 균형을 맞춘 순간, 아이들은 본격적으로 만족스러운 시소 놀이를 시작한다. 누군가 짓궂게 장난을 치지 않는 이상 안전상에도 전혀 문제가 되지 않는다. 그래서 서로의 안전을 살피면서 활력이 넘치는 시소 놀이를 즐긴다.

일터는 어른들의 놀이터

일터는 주어진 작업을 수행하는 공간일 뿐만 아니라 놀이터와 같은 즐거움을 줄 수 있다. 나아가 우리들의 일터가 구성원들에게 다양한 활동 및 학습을 할 수 있는 활력의 장소여야 한다. 또한 시소 놀이처럼 안전과 자유가 보장된 환경 안에서 직무를 수행하며 구성원들의 창의성과 그들의 협력을 촉진할 수 있도록 해야 한다. 하나의 놀이기구로 다양한 규칙을 만들어 새로운 놀이를 발견하듯, 각자의 아이디어를 모아 새로움을 창조할 수 있는 곳이 바로 지금 일하고 있는 우리들의 일터가 되어야 한다.

하지만 언젠가부터 일터에서의 하루하루가 불안하기 일쑤다. 의욕은 떨어지고 일을 하는 의미와 그 가치마저도 상실한 듯싶다. 이런 불안감을 느끼는 이유가 무엇일까? 바로 한쪽으로 기울어진 조직 시스템 때문이다. 시소의 균형이 흐트러지면 더는 시소를 타고 싶은 욕구가 사라지는 것처럼 조직이 추구하는 가치가 한쪽으로 기울어져 있으면 일하고 싶은 욕구를 상실해 버린다. 그렇다면 이제, 조직의 양쪽에서 시소와 같이 저울질되고 있는 두 요소가 무엇인지 살펴보도록 하자.

2. 조직 안정의 비밀은 시소경영이다

직원 보호와 생산의 상호보완적 균형

(이미지: 필자)

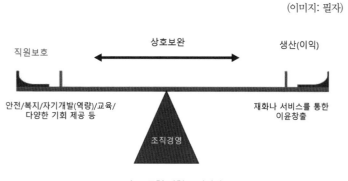

그림 1- 균형 잡힌 조직경영

그림 1은 조직 시스템의 2가지 요소인 생산을 통한 이윤 창출과 직원을 보호하는 보호 체제가 안전하게 균형을 이루고 있다. 또한 시소에 오른 2가지 요소는 어느 한쪽이 기울어지지 않도록 상호보완을 이루려는 특징을 가지고 있다. 이처럼 직원 보호와 생산이 균형을 유지하고 있을 때 조직은 일상적인 안정화가 가능하다.

일반적으로 조직에서는 직원 보호를 위해 지출하는 비용을 생산 이익에서 차감한다. 생산 이익은 구성원들의 가치 있는 노동으로 만들어진 결과물일 뿐만 아니라 구성원들을 보호하는 데 필요한 비용이다. 조직의 생산활동과 직원 보호는 상호보완적인 관계를 가지고 있다. 따라서 조직은 직원의 노동으로 이익을 축적하는 동시에 공정한 보상과 만족스러운 복지를 제공하며 상호 협력적인 환경을 유지하는 것이 중요하다. 이를 위해서는 조직의 체제와 직원 보호에 대한 체제가 서로 대립하지 않고 함께 발전해야 한다. 이러한 노력은 조직 내부의 안전성과 성장에 긍정적인 영향을 미치며, 업무 수행에 대한 직원들의 만족도와 참여도를 높일 수 있다.

인권유린과 파산의 과정

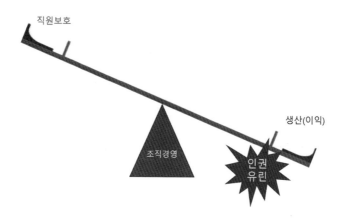

그림 2– 생산에 기울어진 조직경영

　조직의 생산성과 이를 통한 이익 창출도 중요하지만, 직원 보호 또한 이에 뒤지지 않아야 한다. 만약 조직이 직원 보호를 가볍게 여기고 조직의 생산성과 이익 창출에만 중점을 두려고 한다면 (그림 2) 인권유린이 될 수밖에 없다. 현재 온 나라가 초연결된 세상은 인권을 존중하고 보호하는 것이 중요하게 인정될 뿐만 아니라 당당하게 요구되고 있다. 그러나 조직 내 일부 안일한 사람들은 인권유린조차도 상관없다는 생각을 하고 있는 것 같다. 이러한 태도는 세계 시민사회와 어깨를 나란히 할 수 없으며, 장기적으로는 조직 해체로 이어질 수 있다. 최근 SNS 및 여러 매체에서도 이와 비슷한 사례에 속하는 기업이나 업주에 대해서 비난의 화살이 쏟아지고 있다. 인권유린을 빈번하게 저지르는 악덕 기업을 소개하며 불매운동을 확산시켜 가기도 한다. 초연결 사회에서 인권유린을 일삼는 비윤리적인 기업은 이제 더이상 설 자리가 없을 것이다.

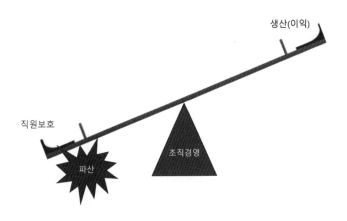

그림 3- 직원 보호에 기울어진 조직경영

반면, 시소의 균형이 조직의 생산과 이익 창출보다는 직원 보호로 완전히 기울여져 있다면(그림 3) 파산 위기에 처할 수 있다. 이는 기업의 재무적 안전성뿐만 아니라 직원들의 안정적인 일자리와 생활에도 악영향을 미치게 된다. 텅 빈 곳간을 둔 조직은 지탱할 자원이 없으니 오래가지 못하는 게 당연하다. 기업은 이윤 창출과 직원 보호 어느 쪽이든 한쪽을 무시한 채로 영원히 지속될 수 없다.

창의성을 창출하는 시소경영

일하기 좋은 일터는 조직의 경영시스템이 균형을 이루고 있을 때 비로소 시작된다. 적절한 생산성과 이윤을 추구하면서도 직원 보호에 충실한, 안정화된 일터가 될 수 있도록 해야 한다. 이를 위해서는 시소처럼 한쪽이 올라가면 반대쪽이 내려가는 시스템이 아닌, 생산성 이윤과 직원 보호가 수평을 이루며 상호보완 되는 시스템이 필요하다.

시소 경영방식은 창의성을 창출해내는 놀이터의 기본개념이다. 시소를 탈 때 아이들이 균형을 맞추려고 노력하듯이 조직도 마찬가지로 한쪽에 치우치지 않도록 균형 잡힌 시스템을 유지할 수 있어야 한다. 그래야만 직원들의 창의력 향상과 업무 효율성을 높이며, 자유롭게 아이디어를 제시하고 업무에 즐겁게 집중할 수 있다. 이는 구성원들 간의 신뢰가 바탕이 된 협업적 창발을 이뤄내도록 돕는 중요한 경영방식이기 때문에 성공적인 조직 운영에 필수적이다.

3. 우리와 함께 무대에서 즐겨봅시다

개인주의가 발생하는 원인

최근 몇몇 기성세대들은 "요즘 젊은 세대들은 귀하게 자라 어려운 줄도 모르고 자기만 아는 개인주의자가 됐다."라며 혀끝을 차는 경우가 있다. 그러나 개인주의가 귀하게 자라서 생기는 것은 절대 아니다. 앞서 1장에서 살펴보았듯이 조직에서 소수의 의견을 다수의 의견에 맞추려고 할 때, 또는 조직의 리더가 너무 강압적인 성향을 가지고 있을 때 조직 내 개인주의가 발생한다.

기성세대들은 개인주의가 없었을까? 조직의 성장과 그룹의 화합을 위해 열심히 일한 세대 역시 기성세대다. 누구보다 조직을 위한 헌신과 희생은 당연하다고 생각했던 시대에 살았던 그들은 개인주의를 마음속으로 강하게 외치고 있었을지도 모른다. 다만 겉으로 드러내지 않았을 뿐이다. 그러니 요즘 젊은 세대들은 귀하게 자라거나 모자란 게 없이 자라 개인주의가 됐다는 생각보다는, 왜 그들이 개인주의가 됐는지 조직의 구조를 들여다보는 게 더 바람직하다. 최근 한국 사회는 세대 구분이 자주 일어남으로써 서로 적대적인 태도를 보일 뿐만 아니라 상호 간에 높은 장벽을 세워 경계를 만드는 일이 자주 발생한다. 이런 행위는 세대 간 상호 이해와 소통을 방해하며, 사회적인 연결성을 약화하는 결과를 초래할 수 있다.

세대 갈등 해답, 경향성

그렇다면 조직 내 세대 간의 갈등을 없애고 바람직한 화합을 만들어 낼 수 있는 대안은 없을까? 필자는 '경향성'에서 그 해답을 얻고자 한다.

경향성은 영어로 '트렌드'다. 트렌드를 분석할 때는 대중의 활력이 어디서 넘치는지, 즉 경향성을 파악해야 한다. 트렌드가 넘치는 곳은 경제, 문화, 교육, 기술 등의 분야로 활발한 활동이 이루어지며, 상상력과 자유가 느껴지는 대중들의 놀이터로 자리를 잡고 있다. 사회의 트렌드를 알면 젊은 세대들의 욕구도 자연스럽게 파악할 수 있을 뿐만 아니라 그들의 역량을 발견하는 기회가 된다. 그로부터 뿜어져 나온 긍정적인 활력은 기존의 틀을 깨고 혁신을 만들 수 있을 정도로 무궁무진하다. 그러므로 트렌드를 알고 그들을 이해하기 위해 노력한다면 혁신을 통해 세대 간의 갈등은 해소되고, 세대 공존이 촉진되는 기회가 될 것이다.

2000년대 초반 한국은, 할리우드 영화, 세계의 다양한 음악과 예술 등이 큰 인기를 끌면서 대중문화의 글로벌화가 진행되었다. 이에 따라 패션과 소비문화도 변화를 시작했다. 이 시기에 젊은 세대들은 문화적 교류와 다양성에 큰 흥미를 갖고 있었으며, 그로부터 영감을 받아 글로벌화에 발맞춘 창의적인 작품들을 창출해 냈다. 이에 따른 한류와 K-POP 등의 한국 문화가 전 세계로 알려지면서 한국의 소프트파워는 크게 증가하게 되었다. 한국은 기존의 고정된 틀에서 벗어나 세계화를 향한 꿈을 실현해 나갔던 결과로, 선진국으로의 도약을 이루어 가고 있다. 이를 통해 우리는 경제, 기술, 문화 등 다양한 분야에서 세계적인 수준에 도달할 수 있었다. 선진국들의 발전은 단순히 경제적인 측면뿐만 아니라 사회적, 문화적인 측면에서도 큰 영향을 미치고 있다. 한국 역시 이러한 영향을 받았다.

젊은 세대의 경향성에 합류하는 기성세대

지금은 어떠한가? 요즘 세대들은 대부분의 일상과 여가를 스마트폰과 함께 보내고 있다. SNS, 인터넷 검색, 개인 방송 채널, 웹툰, 게임 등 OTT 기술로 언제 어디서든 원하는 곳에서 드라마와 영화를 즐기기도 한다. 현재의 디지털 기술 발전으로 인해 이러한 현상은 더 강력하게 일어나고 있으며, 특히 젊은 세대들의 삶과 문화에 큰 경향성으로 나타나고 있다. 이는 직장에서도 자연스럽게 행동으로 표출된다. 회의 시간에 상사가 말한 주제의 핵심 내용을 즉시 스마트폰으로 검색해 대안을 제시하거나 적합성을 따져 묻는다. 업무 중 휴식 시간을 활용해 평소 관심을 둔 웹툰이나 드라마를 보기도 하며, 자신의 체중 관리 식단을 공유하며 체계화된 스케줄을 소셜 미디어에 업로드를 한다. '어디서든 그들은 원하는 곳'으로 '접속'을 시도한다.

초기 이런 모습은 기성세대들에게 오해를 불러일으키기에 충분했다. 회의 시간에 딴짓을 한다고 생각하거나 업무에 집중하지 않는 모습으로 비쳐졌기 때문이다. 그러나 이제는 기성세대들도 스마트폰이나 태블릿, PC를 통해 즉시 검색을 시도하거나 핵심 정보를 얻어 구성원들에게 즉각적인 피드백을 한다. 또한 젊은 세대들은 시간을 절약하면서 효율성을 높이는 것을 선호하듯이, 기성세대 또한 시간을 절약하고 워라밸을 위해 시대의 경향성에 합류하고 있다. 이제 젊은 세대와 기성세대가 경향성으로 함께 화합하고 있는 것이다. 같은 무대, 같은 공간에서 서로를 공유하기 시작했다.

4. 아, 그때도 지금만 같았더라면

만능기계 덕분에 세상 참 좋아졌네

스마트폰이 없었던 시대와 인터넷이 범용화되지 않았던 시대를 생각하면 이전 시대를 살아온 기성세대들에게는 지금의 기술 발전이 억울할 수도 있다. 그도 그럴 것이 정보 취득을 위해 직접 책을 찾아보거나 논문과 신문 등을 읽어야만 했던 이전 시대는 사람들의 발품을 언제나 요구했기 때문이다. 현재는 인공지능 검색 엔진을 갖춘 만능기계를 손에 들고 있어 필요한 정보를 손쉽게 얻을 수 있는 시대다. 스마트폰 내비게이션은 막히는 구간을 피할 수 있도록 실시간으로 도와주고 도로 표지판에 집중하지 않아도 길을 잃을 확률을 크게 감소시켰다. 더 나아가 교통수단의 발전으로 시간이 단축되어 우리는 "세상 참 좋아졌네."라고 감탄할 만하다. 그때도 지금처럼 마음만 먹으면 손쉽게 정보를 얻을 수 있고, 서울에서 부산을 오전에 왕복할 수 있어 금쪽같은 시간을 단축할 수 있었다면 기성세대들에게 더 많은 경험과 기회가 있지 않았을까 하는 아쉬움마저 생긴다. 하지만 아쉬움은 그대로 남겨두고 현재의 트렌드를 기성세대들도 함께 누리고 공유하기 시작했다. 스마트폰 기능을 활용해 일의 효율성을 올리고 소셜 미디어로부터 자신을 홍보하며 다양한 곳을 향해 접속을 시도한다. 새로운 접속은 새로운 기회를 창출하기 마련이다.

고개를 들기 시작한 그들의 감춰진 역량

젊은 세대들의 감춰진 역량이 접속의 계기로 활력을 드러내며 본인들은 물론 기성세대들의 감각을 자극한다. 기성세대들은 소셜 미디어를 통해 젊은 세대들이 제공하는 정보를 얻어 자신이 아직 이루지 못한 꿈에 도전하고, 언제 어디서든 들을 수 있는 화상 강의를 통해 문을 열어 꿈을 향해 나아가고 있다. 이런 상호작용은 젊은 세대의 감각이 기성세대의 감각을 돕고, 기성세대의 경험과 기술적 노하우가 젊은 세대들의 역량이 현실화되도록 한다.

새로운 문명의 발달은 인간의 또 다른 잠재력을 발견하게 한다. 발견된 잠재력이 자신이 일하는 조직에서의 역량으로 발휘될 때 조직의 공유정신과 다중지성을 만들고 결국 자신과 조직이 함께 성장할 수 있는 계기가 된다. 그런데 조직 구성원들의 잠재력을 억압하고 예전의 낡은 방식만을 고집한다면 그들은 조직에 대한 열정과 자부심을 잃게 된다. 어린 시절 부모로부터 '안돼, 시키는 것만 해!'라는 말을 들은 자녀가 부모와의 관계에서 커다란 장애 요인이 생기듯, 조직 내 세대 간 갈등의 고리는 더욱 커질 수밖에 없다. 이렇게 형성된 갈등은 '함께' 혹은 '동참'이라는 단어를 기피하고, '혼자' 그리고 '개인'이라는 단어를 선호하게 만드는 주요 원인으로 작용할 것이다. 이런 조직의 모습은 변화와 혁신을 불가능하게 하고, 개인주의만 늘어나도록 만들 뿐이다.

이제 우리는 '세상 참 좋아졌네! 옛날에 비하면 지금은 편한 거야!'라는 말이 아닌, 지금의 변화를 통해 새로운 가능성을 모색하고 성장의 기회를 찾아야 한다.

결핍을 채워줄 공유정신

인간은 혼자 살아갈 수 없다. 인간 자체가 신처럼 완벽하지 않기 때문이다. 그렇기에 인생을 살아가면서 함께 상호보완해야 할 가족과 직장동료가 필요하다. 나의 역량이 무궁무진해도 한계상황에서는 언제나 결핍이 존재하기 때문에 그 결핍을 채워줄 조직 구성원들의 도움이 필요하다.

업무 역량이 아무리 뛰어나더라도 서로 간의 소통과 협력이 이루어지지 않는다면 저마다 가진 능력이 제대로 발휘되지 않을 것이다. 각자가 가진 본래의 가치를 충분히 표출하기 위해서는 서로 간의 주고받음이 필수적이라고 생각한다. 여기서도 상호균형이 필요한 것이다. 이를 위해서 필자는 개개인의 역량을 자유롭게 공유하고 융합하는 공유정신이 결국 조직의 다중지성을 만들고, 이런 긍정적 에너지가 우리를 갈등이 아닌 융합의 관계로 발전하도록 안내해 줄 것이라 생각한다.

5. 리버스 멘토링으로 바꿔보기

신입사원이 퇴사하는 이유

최근 국내 조직에서는 신입사원들의 높은 퇴사와 이직률이 큰 문제로 대두되고 있다. 이러한 상황의 배경에는 여러 가지 이유가 존재한다. 치열한 경쟁과 과도한 성과 요구, 열악한 근무 환경과 불만족스러운 복지 혜택 등이 그 주요 요인으로 꼽힌다. 더 나아가 조직의 리더가 제 역할을 충분히 수행하지 못하여 팀 내 소통의 부재를 만들거나, 이로 인해 직원들이 새로운 기회와 경험을 제대로 얻지 못하는 경우도 그러하다. 특히 조직 내부의 갈등은 직원들에게 억압과 상처를 주고 높은 피로와 스트레스를 유발하여 이직을 유도한다. 조직 내부의 갈등은 자기계발과 성장의 기회마저도 포기하게 만들기 때문에 신경 써야 할 중요 요소이다.

이러한 문제들을 해결하고자 많은 조직에서는 멘토링 제도를 도입해왔다. 서로의 멘토 · 멘티가 되어 업무상 힘든 점들을 논의하고, 상사는 후배가 어려움을 극복할 수 있도록 도왔다. 그러나 일부 조직에서는 멘토링 제도가 실패로 이어지기도 한다. 멘토의 부족한 능력이나 무관심, 멘티의 경솔함과 신뢰 부족으로 상호 간의 소통이 원활하지 못한 경우가 많기 때문이다. 이로 인해 시간과 에너지만 낭비되고 적절한 관리가 이루어지지 않아 결국 프로젝트가 흐지부지 끝나기도 한다. 이러한 실패를 극복하고자 최근에 많은 조직이 '리버스 멘토링(Reverse Mentoring)' 방식을 도입하고 있다. 이를 통해 더 나은 소통과 상호 신뢰를 기반으로 한, 지속 가능한 성과를 이루고자 한다.

창의적 영감을 주는 리버스 멘토링

리버스 멘토링이란, 일반적인 멘토링과는 반대로 기존의 멘티가 멘토가 되어 후배가 선배를 지도하는 방식을 말한다. 후배는 자신의 경험과 지식을 공유하며 상사를 지원하고, 상사는 후배의 지원을 통해 새로운 시각을 얻고 유행의 민감함과 명민함, 나아가 젊은 세대들의 생각과 트렌드를 알며 창의적 영감을 얻는다.

멘토인 후배는 가르치는 역할자로서 그 역할을 통해 능동적인 역량개발을 가능하게 한다. 또한 리더 역할을 직·간접적으로 체험함으로써 팀 내 리더의 고충과 역할의 중요성을 깨닫게 된다. 이러한 상호 교류를 통해 조직 내에서 세대 간의 갈등을 해소하고 조직의 혁신적인 아이디어를 유발할 수 있다. 리버스 멘토링은 리더십과 공감대를 형성하며 성장 기회를 제공할 뿐만 아니라 조직과 개인의 성장을 도모한다.

리버스 멘토링(Reverse Mentoring)

▶ 1990년대 IBM과 GE에서 도입되었으며, 최근에는 다양한 조직과 산업에서 채택되고 있음.
▶ 전통적인 멘토링 관계의 역전된 형태.
▶ 서로 다른 세대 간의 관점과 가치관을 이해하고 수용함으로써 조직 내 다양성과 포용성을 증진.
▶ 기존 주니어 멘티는 자신의 역량을 발전시키고, 경험 많은 시니어 멘토는 리더십 및 멘토 역량을 향상하는 기회를 얻음.

리버스 멘토링은 1999년 제너럴 일렉트릭의 전 CEO인 잭 웰치가 조직에 도입한 개념이다. 이 방식은 관리자 및 고위 임원들이 젊은 멘토들의 지원을 받아 인터넷 활용 능력을 향상하고 업무 성과를 향상시키기 위한 것이었다. 이를 통해 디지털 격차 및 기술 격차를 줄이고, 더 나아가 조직 내 구성원 간의 세대 간 격차를 좁히는 데에 기여했다. 리버스 멘토링이 효과적으로 이루어지기 위해서는 명확한 가이드 라인을 수립하고 본질적 의미를 벗어나지 않도록 해야 한다. 리버스 멘토링이 성공적으로 진행될 수 있도록 다음 6가지 가이드 라인을 제시하고자 한다.

리버스 멘토링 6가지 가이드 라인

리버스 멘토링 프로젝트의 성공은 면밀한 관리와 지속적인 노력에 달려 있다. 관리자의 역할과 참여자들 간의 이해관계는 리버스 멘토링의 효과를 크게 좌우한다. 리버스 멘토링 6가지 가이드 라인은 프로젝트의 효과적인 진행과 참여자들의 만족도 향상에 크게 이바지할 수 있다. 리버스 멘토링 가이드 라인을 자세히 살펴보자.

가이드 라인 1- 관리자 선정

첫째, 리버스 멘토링 프로젝트를 설계하고 지속적으로 모니터링하며, 객관적으로 평가하고 조정할 수 있는 관리자를 선정해야 한다. 외부의 전문가보다 조직 내부의 관리자가 프로그램을 적극적으로 진행하는 것이 중요하다. 관리자는 멘토와 멘티를 프로젝트의 성격에 맞게 적절하게 매칭시키고, 둘 간의 상호 작용을 돕고 평가하며 프로젝트의 효과를 끌어올려야 한다. 또한 관련 자료의 제공 및 도움이 될 수 있는 추가적인 교육 선정과 멘토·멘티 간의 매칭 장소 등을 정하고 모두가 즐겁게 참여할 수 있도록 전 과정을 관리하고 조율하도록 한다. 관리자가 부재하면 리버스 멘토링은 실패할 확률이 높다.

가이드 라인 2 – 프로세스 기준 마련

둘째, 참여자 모두 정확하게 이해하고 숙지할 수 있도록 프로세스 기준을 마련해야 한다. 체계적인 프로세스 기준을 마련함으로써 참여자들은 프로젝트의 목표와 기대되는 성과를 명확하게 이해할 수 있다. 이는 프로젝트에 참여하는 모든 멤버가 동일한 목표를 향해 나아가게 하며 혼란을 방지하고 합의된 방향으로 진행될 수 있도록 한다. 또한 경험의 차이가 있더라도 균일한 이해도를 보장하고 참여자들의 부담을 줄여 안전성을 유지할 수 있도록 한다.

참여자 모두가 정해진 프로세스 기준을 숙지한다면 프로젝트 진행 중 어떤 문제가 어디에서 발생하고 있는지를 파악하게 되고, 이에 따른 적절한 조치를 취할 수 있으므로 기준을 가장 먼저 설계해야 한다. 다만, 프로세스 기준은 "ㅇㅇ 하지 말기, ㅇㅇ 금지, ㅇㅇ 생략…."의 금기어를 벗어나 절차의 의미(1장 참고)를 최대한 살려, 한 단계 한 단계 앞으로 나아가기 위해서 설계되어야 한다.

가이드 라인 3- 업무와 연결된 비즈니스 사업 선정

셋째, 리버스 멘토링 과정을 통해 진행되는 비즈니스 사업 모델은 반드시 조직의 발전과 성장에 기여할 수 있어야 한다. 우리가 종종 함정에 빠지는 경우는 조직의 목적과 목표에 부합되지 않는 길을 선택해서 가기 때문이다. 이러한 경우, 참여자들은 서로의 존재를 의심하게 되고 중도 포기자가 발생하는 예도 있다. 때때로 어렵게 모인 자리가 단순한 이야기 나눔의 시간으로 낭비되기도 한다. 따라서 리버스 멘토링을 통해 진행되는 비즈니스 사업 모델

은 조직의 핵심 업무와 긴밀하게 연결되어 있는지, 조직의 목표와
부합되는지 검토되어야 한다.

가이드 라인 4- 지속적인 유지 노력

넷째, 선정된 프로젝트가 단발성으로 끝나지 않고 지속해서 유
지될 수 있도록 해야 한다. 물론 지속적인 모임을 위해 회식 자리
나 tea 타임을 마련하는 것도 좋지만, 바쁜 참여자들을 억지로 불
러내 시간을 낭비하지 않도록 주의해야 한다. 가장 중요한 것은
리버스 멘토링을 통해 시행하는 프로젝트가 흐지부지하다가 중단
되지 않도록 주의해야 한다. 이를 방지하기 위해 참여자들의 의견
을 듣고, 모임의 빈도나 형식을 조정함으로써 참여자들이 계속해
서 프로젝트에 참여하고 싶은 동기를 부여할 수 있다.

가이드 라인 5- 멘토·멘티 매칭 순환

　다섯째, '한번 맺은 인연은 끝까지 가야한다'라는 생각은 버려야 한다. 리버스 멘토링은 역량을 발전시키고 향상하는 과정일 뿐만 아니라 조직의 발전과 기술개발을 위해 실시되는 과정이다. 따라서 다양한 사람들과 파트너십을 형성하고 여러 경험과 지식을 공유함으로써 지식 생태계를 확장하고, 넓은 시야에서 창의적인 아이디어를 발전시킬 수 있다. 같은 성격의 프로그램 참여자들 사이에서 다양한 파트너십을 맺을 수 있도록 멘토·멘티 매칭을 순환하되, 너무 자주 멤버를 교체하는 것은 프로젝트에 역효과를 낼 수 있다. 필자가 생각하기에는 분기나 상반기, 하반기와 같이 기간을 정해서 멘토·멘티의 교체를 진행하는 것이 프로젝트에 적당할 것으로 생각된다. 이렇게 함으로써 프로젝트가 더욱 효과적으로 운영될 것으로 기대된다.

가이드 라인 6 - 새로운 프로젝트, 새로운 팀

마지막으로, 프로젝트가 완료되고 또 다른 조직의 새로운 비즈니스 모델을 선정해야 할 경우, 조직 내에서 이미 잘 협조된 구성원들과 새로운 멘토링 팀을 구성해야 한다. 이는 새로운 프로젝트가 나타날 때마다 구성되는 TF팀, 전담반과 유사한 접근이다. 새로운 프로젝트가 발생할 때마다 프로그램의 성격과 맞는 구성원을 새롭게 조합함으로써 다양한 경험과 지식을 교환할 수 있고 프로그램의 지속성과 유연성을 유지할 수 있다.

리버스 멘토링 6가지 가이드 라인

1. 관리자를 정한다.
2. 프로세스 기준을 마련한다.
3. 회사의 업무와 연결된 비즈니스 사업을 선정한다.
4. 지속해서 유지될 수 있도록 관리한다.
5. 동일한 파트너로 지속적인 매칭을 하지 않는다.
6. TF팀, 전담반을 구성하듯 새로운 프로젝트에 새로운 팀을 구성한
   다.

리버스 멘토링의 6가지 가이드 라인을 엄수하고 준수한다면 참여자들과 조직에 최고의 가치를 제공할 수 있을 뿐만 아니라 조직 역량 강화에 긍정적인 영향을 미칠 것이다. 결국 리버스 멘토링 제도는 조직의 혁신과 창의성을 촉진하고, 다양한 아이디어와 관점을 통해 더 나은 결정을 내릴 수 있도록 도우며 팀워크를 높이고 직원 간의 유대감을 강화할 것으로 기대된다.

6. 스위스 치즈 모델과 기회의 창

프로젝트 실패에 대한 조직의 대처 방안

조직에서 피하고 싶은 상황 중 하나는 세심한 계획과 심사숙고 끝에 진행한 프로젝트가 실패로 끝난 경우일 것이다. 이런 상황은 팀 구성원들에게 큰 실망과 좌절을 안겨준다. 이때 프로젝트 실패가 또 다시 반복되지 않도록 그 원인을 찾는 것은 매우 중요하다. 이를 위해서는 프로젝트 진행 전반을 자세히 분석해야 한다. 예를 들어, 프로젝트의 목적과 목표가 명확했는지, 팀원들 간의 의사소통이 원활한지, 필요한 자원과 지원이 충분히 이루어졌는지 등을 점검해야 한다. 더불어 프로젝트의 성격에 따라 기술적인 측면에서의 문제도 고려해야 한다. 그러나 실패하는 대부분의 경우 구성원들의 실수를 탓하거나 리더의 근시안적 성향을 문제 삼아 질책하는 경향이 있다. 물론 구성원들의 개인적 실수가 프로젝트 실패에 많은 영향력을 미친다는 것은 사실이다. 하지만 원인을 분석하다 보면 종종 개인적 실수는 조직의 불안전한 시스템 구조와 밀접한 관련이 있다는 것을 발견하게 된다. 조직의 시스템 구조 문제들이 개인적 실수를 유발하거나, 이를 방지하지 못하는 원인으로 작용하는 경우이다. 이러한 실패의 근본적 원인을 제거하기 위해서는 한편으로 구성원의 능력을 높이는 데에 더 많은 투자를 하고 동시에 또 한편으로는 조직의 안전한 시스템 구조를 강화해야 한다. 이렇게 함으로써 프로젝트의 성공을 보장하고 미래의 실수를 최소화할 수 있다.

기회의 창, 스위스 치즈 모델

 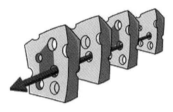

그림 1−결함 없는 완벽한 구조 　　　그림 2−제임스 리즌의 스위스 치즈 모델

　그림 1, 2는 영국의 심리학자 제임스 리즌(James Reason)에 의해 소개된 스위스 치즈 모델 모형이다. 리즌의 스위스 치즈 모델은 산업 현장의 위험 분석 및 위험 관리에 적용된다. 그 핵심은 산업 현장에서 발생하는 크고 작은 결함들이 치즈의 구멍처럼 드러나지 않고 잠복해 있다가 조직의 방어 수단, 방어 장벽, 안전장치 등의 보호 수단이 차단되고 제대로 작동하지 않을 때, 위험의 결함들이 하나의 구멍으로 뚫려 궤적을 그리면서 대형 사고가 발생한다는 것이다. 이러한 상황에서는 아무리 노력해도 대형 사고를 막기 어렵고 이미 발생한 참사를 피하기도 어렵다고 주장한다. 그러나 주목할 점은 현재도 이러한 결함들이 언제든지 조직의 대형

사고를 일으킬 위험성을 내포하고 있다는 것이다. 그럼에도 불구하고 제임스 리즌은 조직의 광범위한 영역에서 결함들이 잠재되어 있더라도, 그것을 충분히 시스템적으로 예방하고 방어할 수 있다고 강조하며 이를 오히려 '기회의 창'이라고 불렀다.

스위스 치즈 모델

▶ 치즈는 발효 과정에서 이산화탄소의 가스로 인해 기포가 발생하면서 구멍이 형성되는데, 이렇게 발생한 치즈 구멍을 산업 현장의 잠재적 결함의 상징으로 비유.

▶ 산업 현장의 위험 분석 및 위험 관리에 적용되는 모델.

▶ 결함들이 잠복해 있다가 보호 수단이 차단되면 대형 사고 발생 가능.

▶ 사고는 조직의 불완전한 구성 요소나 구성원들의 불안전한 행동으로 나타남.

▶ 직원의 안전 수칙 불이행은 원인으로 언급되지만 드물다고 함.

▶ 조직 시스템의 결함이 안전사고에 큰 영향을 미칠 수 있음.

시스템 결함으로 찾는 프로젝트 실패 원인

리즌에 따르면 조직의 잠재적 결함은 주로 조직의 불완전한 구성 요소나 구성원들의 불안전한 행동으로 나타난다고 말한다. 이두 관계는 항상 유기적이며 상호 연관성을 갖고 있다. 위험한 작업 환경이나 잘못된 노동 시스템과 근로 조건 등은 구성원이나 현장의 작업자들을 탈진하도록 만든다. 예를 들어, 일부 기업에서는 2인 1조 등의 안전 수칙을 준수하지 않거나, 작업 숙지를 제대로 하지 못한 직원을 현장에 투입하는 일이 빈번하게 발생하고 있다. 이는 주로 인력 부족에 따른 결과다. 물론 안전사고의 원인으로 직원의 안전 수칙 불이행이 많이 언급되지만 리즌은 직원 자체의 결함이 방어 수단에 구멍을 내는 경우가 드물고, 오히려 조직 시스템의 결함이 안전사고에 큰 영향을 미칠 수 있으며 이러한 결함은 무시할 수 없을 정도로 대형사고로 이어진다는 점을 강조하고 있다.

마찬가지로 조직 내에서 프로젝트 실패가 발생할 때 직원들의 개인적 실수를 규명하고 비난하는 것보다 이러한 개인적 실수를 촉발하는 조직 시스템에 주목해야 한다. 예를 들어, 보고서의 누락, 정보 전달의 오류, 회계 처리의 실수, 야근의 원인, 심지어 오타 발생과 같은 문제들을 단순히 직원의 잘못으로만 탓하는 것이 아니라, 해당 문제들이 어떤 시스템적인 요인에서 비롯되었는지를 조사하고 개선해야 한다. 이를 이해하기 위해 다음의 사례를 살펴보자.

팀의 제안서가 휴지조각이 된 이유

교육 컨설팅 회사의 기획팀 K 팀장은 공공기관 입찰 제안 서류를 제시간에 제출하지 못해 기회를 놓친 경험이 있다. 이 프로젝트는 2주 동안 3명의 팀원이 주말까지 투자한 야심 찬 프로젝트였으나, 한순간의 사고로 무산되었다. 팀원들이 열정을 쏟은 입찰 제안서는 제출 해당 날짜에 맞춰 완성되었다. 제출 당일 L 사원은 30분이 걸리는 거리이기에 마감 시간 1시간 전에 출발하면 된다고 생각했으며, 팀장의 허락을 받아 1시간 전에 정확히 출발했다. 그런데 회사 차량으로 이동하던 중 타이어 펑크로 차가 멈추게 되었다. 함께 동승한 사람이 없었기 때문에 L 사원은 회사에 보고해 이러한 상황을 설명했고 긴급 요청을 전달했지만 결국 교통혼잡과 시간 지체로 인해 제안서 장소에 늦게 도착하고 말았다. 마감 시간 전 제출을 못했기 때문에 결국 공들여 만든 제안서를 들고 회사로 다시 복귀할 수밖에 없었다. 여기서 무엇이 프로젝트를 실패하게 했을까? 일찍 출발하지 못한 L 직원의 태도로 볼 것인가? 팀장의 리더십 불찰로 볼 것인가? 리즌의 이론으로 보자면 회사 차량을 제대로 점검하지 못한 조직적 시스템이 원인이 되어 작동한 실패로 볼 수 있다. 만약 주기적으로 타이어를 체크하고 차량을 점검하도록 만드는 체제가 있었더라면 타이어 펑크는 발생하지 않았을 확률이 높았을 것이다. 또한 혼자서 이동하지 않고 동승자가 함께하도록 인력을 보충했더라면, 또는 L 사원을 마감 시간이 아닌, 더 많은 시간적 여유를 두고 보냈더라면 좋았을 것이다. 나중에 안 사실이지만, L 사원은 제안서를 제출하기 전까지 업무를 진행하기에 바빴다고 한다. 결국 팀원 모두가 열정을 쏟아 제작한 입찰 제안서는 휴지조각이 되고 말았다.

이렇듯 조직의 안전사고 및 프로젝트의 실패를 예방하기 위해서는 인적 실수를 원인으로 보고 개인의 책임으로 돌려 그들을 통제하기보다는, 해당 문제들을 발생시키는 더 근본적인 조직 시스템의 측면을 살펴보고 개선하는 것이 무엇보다 중요하다. 시스템적 개선은 안전사고를 미리 예방하고 조직의 실패에 충분히 대응할 기회가 될 것이다.

7. 촘촘한 방어 수단으로 위기를 관리하라

조직의 위기관리 전략과 안전 정책을 강화하기 위해서는 조직 내의 문제점, 그리고 구성원의 실수가 프로젝트 실패의 결과에 어떻게 영향을 미치는지, 이러한 실패의 근본적 원인이 조직 시스템의 불안전성과 어떻게 연관되는지를 파악할 수 있어야 한다. 이것을 목적으로 할 때 리즌의 스위스 치즈 모델은 우리에게 중요한 시사점을 제공해 준다.

조직에서의 이상적 상황은 그림 1처럼 치즈의 구멍, 즉 결함이 없어야 하지만 현실적으로 그와 같은 구조는 불가능하다. 그러므로 조직 프로젝트의 성공과 안전을 방해하는 잠재적 결함들을 사전에 방어하거나 최소화하기 위한 시스템적 보호장치를 갖추는 것이 무엇보다 중요한데, 리즌은 불안전한 조직 시스템의 해결방

안으로, 촘촘한 방어 수단인 '선제적' 조치와 '반응적' 조치를 소개한다.

선제적 조치와 피드 포워드

선제적 조치란, 프로젝트 및 중요한 업무를 시작하기 전에 불안전한 조직 시스템이나 구성원들의 안전하지 못한 행동들이 유발될 가능성이 있는 곳, 말하자면 치즈의 구멍을 찾아 사전에 파악하고 막는 것을 의미한다. 선제적 조치는 백신의 원리와도 유사하며, 문제의 발생을 예방하고 조직을 더욱 견고하게 만드는 데 중점을 두고 있다. 이를 통해 조직은 잠재적 위험을 식별하고 조기에 대응함으로써 비용과 시간을 절약하며, 안전하고 효율적인 업무 환경을 조성할 수 있다. 선제적 조치는 또한 프로젝트의 적합성과 가능성을 함께 평가할 수 있다. 프로젝트 초기에 어떠한 리스크가 예상되는지, 불확실성을 정량화하고 시각화를 통해 전략적으로 대비할 수 있다. 이와 같은 선제적 조치는 사전에 파악한다는 측면에서 피드 포워드(feed forward)의 개념과 일맥상통한다.

반응적 조치와 피드백

반응적 조치는, 받은 피드백에 대한 대응이다. 이는 과거의 일들을 돌아보며 문제를 해결하는 것으로 선제적 조치와는 다른 방식으로 접근하게 된다. 선제적 조치가 미래를 대비하는 것이라면, 반응적 조치는 이미 일어난 일에 대한 대처 방안을 마련하는 것이다. 이런 반응적 조치는 그동안 진행했던 업무 담당자의 피드백을 통해 재점검하고 정량적인 측정을 통해 수정 보완할 수 있다. 따라서 반응적 조치는 정확한 정보 습득이 중요하므로 업무 담당자나 유경험자들의 피드백이 중요하다.

이들의 의견이나 제안 사항들에 대한 피드백을 수집할 수 있는 수단으로는 보고서가 있다. 보고서는 리더에게 위기관리 과정에서 긴요한 정보를 제공해 준다. 그래서 리더에게 제공되는 보고서는 과정과 결과의 내용뿐만 아니라 업무 담당자의 의견과 진행 과정에서 발견된 여러 취약성을 담아내도록 해야 한다. 이러한 내용을 통해 또 다른 오류와 재발 방지에 대한 마련책을 준비할 수 있다. 물론 필요에 따라서 익명으로 진행해도 좋다. 익명의 가장 큰 장점은 솔직함이다. 물론 리더는 익명으로 제보된 정보에 대해 개인의 신원을 보호하는 노력과 함께, 해당 내용에 대해 끝까지 책임을 지고 신속하게 해결할 수 있도록 노력해야 한다.

리더의 반응을 보고 따라가는 직원들

정리해 보면, 조직에서의 위기관리란 조직의 업무를 진행하면서 취약성과 위험 요소들을 발견해 개선하고 보완하는 것이며 그중 잘 드러나지 않는 잠재된 결함들을 발견해 적합하게 조치하고 대응하는 것이다. 조직에서 취할 수 있는 위기관리 방법으로는 선제적 조치와 반응적 조치가 있으며 이때 직원들의 의견과 업무 보고서가 중요한 역할을 한다. 리더는 직원들이 프로젝트나 맡겨진 업무를 진행하면서 위험하게 만드는 요소가 무엇인지를 말할 수 있도록 해야 한다. 구성원들의 의견이나 보고서를 통해 얻은 결함 정보는 정량적으로 측정해 경영진들에게 알려야 하며, 구성원들을 통해 발견된 결함들에 대한 즉각적인 조치가 시행되어야 한다. 그러나 리더가 미적지근한 반응을 보여 직원들이 위기관리에 대한 관심을 갖지 않도록 만든다면 이는 더 큰 위험을 초래한다. 직원들은 리더의 반응에 따라 조직의 위기관리 및 안전문화에 대한 민감성을 의식하고 그에 따라 행동하기 때문이다. 리더가 소극적인 반응을 보인다면 이때부터는 스위스 치즈의 구멍들은 점차 늘어날 뿐만 아니라, 치즈의 구멍들이 일렬로 맞춰져 뚫릴 확률이 높아질 것이다. 균형을 잃은 놀이터의 시소가 한쪽으로 기우는 것과 같은 이치다.

8. 안전공정측정 지표를 활용한 위기관리 리더십

조직의 지속가능성을 보장하는 안전공정측정 지표

제임스 리즌은 자신의 저서, 『인재는 이제 그만』에서 조직의 안정성 기반을 위한 '안전공정측정 지표 5항목'을 소개한다. 리즌의 안전공정측정 지표는 말 그대로 조직의 위기 결함과 실패를 막기 위해 정량적으로 측정하고 분석하는 과정이다. 필자는 이러한 측정 방법들이 산업 현장이나 서비스업뿐만 아니라 더 광범위하게 사업장이나 조직에서도 적용 가능하다고 생각한다. 또한 이것이 단순히 조직의 위기관리를 위한 방호수단만이 아니라 조직의 지속가능성을 보장하는 중요한 요소라고 판단한다. 이제 리즌이 강조한 안전공정측정 지표 5항목을 자세히 알아보도록 하자.

안전공정측정 지표 5항목

1. 특정한 안전 요인 (사건 및 실수 사고 보고, 직원 보호 정책, 비상 대비 자원과 절차서, 직장 밖에서의 안전 등)
2. 관리 요인 (변화 관리, 리더십과 행정, 소통, 채용과 배치, 구매 관리, 생산과 보호의 비양립성 등)
3. 기술 요인 (정비 및 작업에 필요한 자동화 수준, 인간 시스템 연계, 엔지니어링 관리, 설계, 하드웨어 등)
4. 절차 요인 (표준, 규정, 행정적 통제, 운영 절차 등)
5. 직원 교육 (공식 및 비공식 방법, 교육부서 유무, 직무수행에 필요한 기술과 능력 등)

리즌의 안전공정측정 지표 5항목은 조직 내에서의 프로젝트 실패 및 안전관리 실패에 대한 '부모' 오류로 작용할 수 있다. 이는 주로 조직 전반에서 발생하는 시스템적 결함으로, 안전성을 감소시키고 잠재적 위험을 증가시킬 수 있는 요소들이다. 이에 대응하여 상위 조직원들의 적극적인 참여가 필요하며, 구성원들의 피드포워드와 피드백을 통해 안전공정측정에 대한 정보를 수집하고 측정된 결함과 취약성을 정량화하여 조직 위기관리 및 안전 시스템과 관련한 올바른 시스템을 구축하는 것이 필요하다. 구체적으로 다음과 같은 분석을 통해 안전공정측정을 세부적으로 진행할 수 있다.

특정한 안전 요인

구분	의도된 행동		의도되지 않은 행동
error	착오	위반	실수, 망각
인간 원인	규칙 기반	지식 기반	의도적 실수	부주의, 기억실패, 스트레스 등
시스템적 원인	잘못된 규칙 적용	정보 제공 미흡	교육 및 리더십 부족	잘못된 절차, 지원 부족
결과	불안전한 행동/사고		사고	불안전한 행동/사고
조치	피드 포워드		징계/경고	피드백/지속적 관찰

안전공정측정 1- 특정한 안전 요인

첫 번째, '특정한 안전 요인'은 구성원들의 의도된 행동과 의도되지 않은 행동으로 구분된다. 의도되지 않은 행동에는 실수와 망각이 있다. 예를 들어, 직원들이 부주의한 실수를 저지르거나 기억 실패 및 스트레스 등으로 인해 불안전한 행동을 하는 것을 말한다. 이는 구성원들의 피드백과 리더의 관찰을 통해 반복적인 실수가 이루어지는 지점과 망각되는 부분을 찾아야 한다. 그러다 보면 규칙적인 패턴이 보일 것이다. 대부분 원인으로서 작용하는 부분은 잘못된 절차나 지원 부족의 원인으로 발생하는 경우가 대부분이다. 반면, 의도된 행동에는 착오와 위반이 해당한다. 착오에는 규칙 기반과 지식 기반 착오가 있는데 규칙 기반은, 좋은 규칙을 잘못 적용하거나 좋지 않은 규칙을 적용해 업무를 진행한 예가 된다. 지식 기반 착오란, 외국에서 자동차를 운전할 때 그 나라의 교통 표지판의 문자를 몰라 교통 규칙을 위반하게 되는 경우처럼, 전혀 경험이 없거나 아무런 지식 없는 상황에서 맞닥트리는 실수다. 이는, 피드 포워드를 통해 리더가 조치할 수 있는 수준의 단계다. 그러나 위반은 결코 쉽거나 단순하지 않다. 위반은 자신의 행동이나 판단이 적합하지 않은데도 불구하고 행하는 의도적 실수다. 위반에 대해서는 징계와 경고로 관리되어야 한다. 알면서도 행하는 행동이 가장 악하다는 것은 틀리지 않기 때문이다. 또한 위반 사항을 감지하는 것은 대부분 사고가 발생한 후에 이루어

지기 때문에 주기적인 직원 교육과 올바른 업무 절차 처리 과정을
구성원들에게 명확히 인지시키는 것이 필요하다.

안전공정측정 2- 관리 요인

두 번째, 관리 요인은 주로 리더십과 관련이 있다. 때때로 생산
량에만 치중하여 직원의 복지와 안전을 배제하고 생산과 성과를
우선시하는 리더의 결정이나 부적절한 업무 배치로 인해 결함이
발생할 수 있다. 이러한 상황에서는 리더십 교육을 통해 리더에게
조직의 목표와 직원 복지의 중요성을 강조할 필요가 있다. 그뿐만
아니라, 직원들의 피드백을 체계적으로 수렴하여 파악하고 개선
하는 노력을 기울이며, 동시에 직원들을 업무 결정에 적극적으로
참여시켜 조직의 결정에 대한 활발한 참여를 촉진해야 한다.

안전공정측정 3- 기술 요인

세 번째, 기술 요인은 하드웨어적 시스템에 해당한다. 작업자에게 지급되는 PC나, 복사기 및 자동화 시스템 등에서 발생하는 결함들이 여기에 해당한다. 특히 최근에는 대면 업무보다 비대면 업무량이 늘어나면서 업무 프로세스가 자동화 시스템과 연계되는 경우가 늘어나고 있다. 이로 인해 기계적 결함들이 계속해서 발생하는 추세다. 기계적 결함은 업무의 스트레스를 가중하고 시간을 낭비하게 하거나, 개인의 능력 발휘를 제약할 수 있다. 그러나 하드웨어적 결함들은 리더 개인이 단독으로 처리하기가 어렵다. 상부에 신속하게 보고하고 결함에 대한 조치를 취해야 한다. 또한 하드웨어적 결함은 피드 포워드와 피드백을 통해 기술적 요인에 대한 취약성을 발견하고 개선하는 데 기여할 수 있다.

안전공정측정 4- 절차 요인

네 번째로 소개되는 것은 절차 요인이다. 절차 요인은 조직 경영시스템과 관련된 문제와 연관이 있다. 지나치게 많은 행정적 통제나 낡은 오래된 규정, 보수적인 규칙은 직원들의 사기를 떨어뜨릴 수 있다. 따라서 예전의 낡아빠진 규정과 규칙이 여전히 수정되지 않거나, 강압적으로 직원들을 압박하고 몰아세우는 규정이 있는지를 찾아내고 개선해야 한다. 사회의 법은 현대 사회에 맞게 점차 수정되어 가고 있다. 마찬가지로, 조직의 행정이나 규정도 시대에 맞게 보완되고 개선되어야 한다. 그 중심은 항상 구성원들을 향해 있어야 하며, 이러한 정보는 피드 포워드와 피드백을 통해 발견할 수 있다.

안전공정측정 5- 직원 교육

안전공정측정 지표의 마지막으로 소개되는 것은 직원 교육이다. 조직에서 제공되는 교육이 항상 직원들에게 긍정적인 영향을 미치는 것은 아니다. 직원들에게 도덕을 강요하는 교육이나, 세일즈 포인트를 무조건 높이기 위한 강의는 오히려 역효과를 낼 수 있다. 교육 내용은 직무수행에 도움이 되거나 업무 처리 방법을 가르치며 직원들의 역량을 개발하는 데 도움이 될 수 있는 내용이어야 한다. 따라서 교육부서가 조직 내에 부재하지 않도록 해야 한다. 교육부서의 역할은 직원들의 역량을 개발하고 능력을 향상하기 위한 적절한 프로그램을 설계하는 곳이다. 그뿐만 아니라, 직원들의 안전한 근무를 위한 교육 프로그램도 개발하는 곳이다. 교육부서는 피드 포워드를 통해 적절한 교육 정보를 설계하고, 피드백을 통한 교육의 질적 향상을 도모해야 한다.

조직의 위기관리는 구성원들의 안전과 보호를 최우선으로 고려하는 것에 있다. 따라서 조직의 안전성 기반을 위한 안전공정측정 지표 5가지는 조직의 대형 사고를 예방하는 방호장치로 작용하고 리더의 위기관리 지표로 충분히 활용되어야 한다. 조직의 경영진과 팀의 리더는 이러한 5가지 지표에 대해 단발성이 아닌 주기적인 점검과 분석을 통해 안정화된 조직 시스템을 구축해야 한다. 이러한 과정에서는 조직의 경영진과 리더뿐만 아니라 모든 구성원이 서로 협력하여 함께 노력해야 안전사고를 예방할 수 있다.

9. 명예와 권위를 지키는 중간관리자의 리더십

혈액을 운반하는 혈관의 역할, 중간관리자

인간의 심장은 하루에 약 10만 번을 뛰며 혈액을 전신에 공급한다. 이때 혈액은 혈관을 타고 산소와 영양소를 신체의 각종 세포로 운반하는데, 다시 심장과 세포를 오가며 순환한다. 그래서 우리 혈관이 막혀버리면 혈액 공급이 차단되고 여러 위험한 증상들이 나타나기 시작하면서 우리 몸의 건강은 악화한다.

조직에서도 혈액을 운반하는 혈관과 같은 역할을 하는 사람들이 존재하는데, 우리는 그들을 중간관리자라고 부른다. 조직의 중간관리자는 조직 구성원들과 가장 밀접한 소통을 하고 있다. 직원 이탈 및 업무 실수를 줄일 수 있도록 관리하며 현장에서 조력자 역할도 담당한다. 중간관리자가 부재하거나 제 역할을 하지 못하면 의사결정이 지연되거나 전반적인 커뮤니케이션 체제가 무너질 수밖에 없다.

중간관리자의 깊은 한숨 소리

요즘 조직의 수많은 중간관리자들이 한숨을 깊게 내쉬고 있다는 사실이 많이 보고된다. 우스갯소리로 이런 말들도 나온다. "경영진이나 윗선과 친하면 후배에게 인기는 떨어지고, 후배들에게 인기가 많으면 반대로 경영진들과 윗선에는 미운털이 박힌다."라는 것이다. 이래저래 눈치 보며 일하는 환경은 이제 중간관리자에게 익숙한 듯하다. 더군다나 중간관리자는 시간도 부족하다. 직원관리와 상사 보좌뿐 아니라 자기 업무와 팀원의 일을 동시에 책임져야 하므로 잦은 스트레스와 탈진을 겪는다. 더군다나 직원들과의 소통을 통해 얻은 결론에 대한 최종적인 결정이 위에서 이루어지기 때문에 위계적 모순에서 느껴지는 갈등, 그리고 상사에게는 참모 역할을, 후배에게는 리더 역할을 해야 하므로 멀티플레이에서 남겨진 피곤함이 중간관리자들을 더욱 괴롭힌다. 이런 상황에서 만약 중간관리자들에게 잦은 간섭 및 날 선 비판과 압력이 가해진다면, 이는 그들의 직무수행 의욕을 떨어트릴 수 있다는 점을 명시해야 한다. 이는 마치 몸속의 혈액을 원활하게 운반하는 혈관의 역할을 무시하는 것과 같다.

이제는 중간관리자에 대한 중요성을 인지하고 그들의 역할과 권위에 대한 인정이 동반되어야 할 것이다. 중간관리자 또한 자신들의 가교 역할에 실수나 결함이 없는지를 분석하고 자신의 선택이 조직의 분열이나 편향성을 조장하지는 않는지 살펴야 한다.

그렇다면 상위 관리자와 하위 직원들 간의 공정한 소통은 어떻게 하면 가능할까? 아리스토텔레스의 중용 개념에서 그 힌트를 얻어보자.

모자라지도, 넘치지도 않게

아리스토텔레스는 그의 저서인 『니코마코스 윤리학』에서 중용을 모자라지도 않고 넘치지도 않는 개념으로 제시했으며, 이는 부족함과 과도함의 중간 어딘가에 있는 적합한 경계로 보았다. 그런데 우리는 어떻게 모자람과 넘침이 없는 중간을 알 수 있단 말인가. 아리스토텔레스는 그 중용의 한 종류로 용기를 말했다. 용기는 어떤 선택과 결정을 해야 할 때 너무 지나친 무모함이나 너무 부족한 비겁함의 경계에서 스스로 부끄럽지 않은 행동이나 말을 선택하도록 한다. 이렇듯 용기에서도 중요한 핵심이 '중용'인 것이다. 이런 중용을 실천한 중간관리자의 예를 보자.

김훈의 동명 원작 소설을 충실하게 스크린에 옮겼다는 평을 받는 영화, 〈남한산성〉은 병자호란 당시, 조선의 16대 왕 인조가 40일 동안 청나라에 항전했다가 나라와 백성의 목숨을 지키고자 청나라에 무릎을 꿇고 물러난 이야기를 다루고 있다. 무릎을 꿇는다는 건 왕에게 있어서 매우 치욕적인 순간이지만 자신의 치욕보다는 백성과 나라의 안위가 먼저였기 때문에 왕은 치욕을 견딜 수 있었다. 이때 인조의 모습은 승산이 없는 싸움을 무모하게 한 것도 아니었고 무조건 무릎을 꿇는 비겁함도 아니었다. "진정한 용기에서 비롯한 왕의 행동"으로 해석할 수 있다. (김동훈, 『리더의 언어사전』) 이 행동이 아리스토텔레스가 말한 중용으로 해석될 수 있다.

부끄럽지 않은 말과 행동의 용기

중간관리자에게 중용은 매우 중요하다. 자신의 안전과 명예를 위해 경영진들이나 윗선에 아부하지 않고 조직과 구성원들을 위해 언제든지 바른 소리를 할 수 있는 사람이어야 한다. 그래서 필요한 것이 바로 용기이다. 이는 비단, 중간관리자에게만 요구되지 않는다. 조직과 그 안의 구성원 전체에게 함양해야 할 덕목이다. 그래서 우리는 어떤 행동과 말에 있어서 부끄럽지 않은 선택을 하도록 우리의 정신을 가다듬어야 한다. 몰염치한 사람이 조직을 망가트리고 갈등을 조장한다는 것은 분명한 사실이다. 반대로 염치를 알고 부끄러움을 아는 중간관리자만이 조직 사회의 신뢰를 형성하도록 돕고 자신의 명예와 권위를 언제나 지킬 수 있다.

놀이하듯 일해야 하는 이유

조직은 구성원들에게 놀이터처럼 자유롭고 주체적인 삶이 가능한 곳이어야 한다. 이 말은, 조직 구성원들이 자신에게 맡겨진 업무를 놀이처럼 즐겁게, 신나게 수행할 수 있어야 하며 동시에 능동성을 발휘하여 업무를 효과적으로 해낼 수 있어야 한다는 의미다. 놀이터와 같은 조직 내 분위기는 업무에 대한 흥미와 즐거움을 높이고, 자연스럽게 업무 스트레스를 줄여주며 팀 간 협력을 강화한다. 놀이하듯 일해야 하는 이유가 바로 이런 모습 때문이다. 따라서 직원들이 조직 내에서 업무를 단순히 의무적으로 실행하는 것이 아닌, 주체적인 모습으로 맡은 업무를 더욱 만족스럽고 효율적으로 수행할 수 있도록 조직이 지원해야 한다.

회사가 노는 곳은 아니지만, 제대로 놀고 싶어요

간혹 윗세대들은 "회사가 노는 곳이냐?"는 말을 한다. 과거에는 조직 문화가 업무 중심으로 고정되어 있어서 직장은 개인 생활과 엄격하게 분리되는 곳으로 여겨졌다. 그래서 일부 윗세대들은 회사가 노는 곳이냐라는 말을 자주 하곤 했다. 또한 예전에는 주로 높은 성과만을 추구하는 조직 문화가 일반적이었으며, 불철주야 노력하여 성과를 올린 직원과 팀만이 인정받는 체제가 당연시되던 시대였다. 현재 조직 문화는 과거와는 달리 단순히 노동력을 제공하는 공간으로만 여겨지지 않는다. 오히려 창의성과 혁신을 촉진하여 개개인의 발전을 지원하고, 조직과 함께 동반 성장할 수 있는 문화로 부상하고 있다.

과거와 현대 조직 문화의 변화에 맞춰 필자가 제기하는 '놀이'의 개념은 생산성 없는 쾌락의 의미가 아니다. 놀이터에서 아이들이 이런저런 이유 때문에 서로를 구분하지 않고 차별도 없는 곳에서 모두가 하나가 되는 것, 자신에게 남은 오늘의 에너지를 놀이에 온전히 쏟아부어, 곁에 있는 친구들과 협력해 새로운 놀이문화를 창조해 내는 것이 놀이이다. 놀이하던 아이들은 뿌듯함과 만족감을 온전히 느끼고 "내일 또 다시 놀이터에서 만나자!"라는 약속을 기꺼이 하듯 직장의 삶에서 즐거움을 찾자는 것이다.

위험한 곳은 절대 가면 안 된다는 어른들의 가르침

한 가지 중요한 것이 있다. 아이들이 놀이에 빠져 즐거운 마음으로 놀이터에 있으려면 안전이 보장되어야 한다는 점이다. '안전하지 않은 곳에는 절대 가면 안 된다.'라는 어른의 가르침이 있다. 그런 곳은 아무도 가지 않으려고 할 것이며, 설사 간다고 해도 아이들은 겁에 질려 제대로 놀지도 못할 것이다. 우리 조직이 안전하지 못하면 직원들이 가고 싶은 즐거움의 장소가 될 수 없다. 그들이 가진 역량과 함께 창의력과 활력으로 뭉쳐 협업하기를 바란다면 먼저 구성원들을 안전하게 보호할 수 있는 시스템을 갖추어야 할 것이다. 구성원들이 안전한 조직에서 일할 수 있다면, 그들은 더 나은 협력과 창의적인 놀이문화를 만들어 나갈 것이다. 비로소 조직의 창발이 실현될 것이다.

당신의 조직은 구성원들에게 놀이터의 역할을 제대로 하고 있는가? 아니면 안전하지 않기 때문에 어른의 가르침처럼 절대 가지 말아야 할 장소가 되어가고 있는가? 한번 신중하게 숙고해 보자.

프리드리히 니체는 자신의 저서, 『차라투스트라는 이렇게 말했다』에서 인간을 사자, 낙타, 아이로 상징한다. 사자는 힘과 용기를 지녔지만 경쟁만을 일삼는 인간을, 낙타는 성실하지만 맹종하는 인간을 상징한다. 반면에 아이는 현재의 통념을 벗어난 창조적이고 발전적인 인간을 상징한다. 아이는 '놀이하는 인간' 즉 '호모 루덴스(Homo Ludens)'의 전형이다. 니체의 표현을 가져와 본다! 우리 조직의 구성원들은 놀이하는 인간 즉 '호모 루덴스'가 되어야 한다!

✓

놀이터
Check Point!

조직은 구성원들에게 놀이터처럼 자유롭고 주체적인 삶이

가능한 곳이어야 한다.

직원 보호와 생산이 균형을 유지하고 있을 때

조직은 일상적인 안정화가 가능하다.

사회의 트렌드를 알면 젊은 세대들의 욕구를

파악할 수 있을 뿐 아니라,

그들의 역량을 발견하는 기회가 된다.

리버스 멘토링은 리더십과 공감대를 형성하며,

조직과 개인의 성장을 도모한다.

후배는 자신의 경험과 지식을 공유하며 상사를 지원하고,

상사는 후배의 지원을 통해 창의적 영감을 얻는다.

개인적 실수는 조직의 불안전한 시스템 구조와 밀접한 관련이 있다.

조직의 위기관리는 구성원들의 안전과 보호를
최우선으로 고려하는 것에 있다.

중간관리자가 부재하거나 제 역할을 하지 못하면
의사결정이 지연되거나 전반적인 커뮤니케이션 체제가 무너진다.

염치를 알고 부끄러움을 아는 중간관리자만이 조직 사회의 신뢰를
형성하도록 돕고 자신의 명예와 권위를 언제나 지킬 수 있다.

우리 조직이 안전하지 못하면
직원들이 가고 싶은 즐거움의 장소가 될 수 없다.

아이는 '놀이하는 인간' 즉 '호모 루덴스(Homo Ludens)'의 전형이다.

REAL
HAPPY

구성원들의
성장을 위한,

배움터

—

1. 낡고 녹슨 도끼를 버리고 안내자가 되는 방법

리더라는 말은 상당히 보편적이며 익숙한 단어다. 하지만 리더를 연구하는 학문에 따라 정의가 다양하다. 이런 다양한 정의가 서로 상이하다면 조직 내 리더의 역할은 혼란스러울 수 있다. 또한 조직의 핵심 인재인 리더가 잘못 정의된 이론을 수용하고 그대로 실천한다면 구성원들 간의 갈등을 초래할 뿐만 아니라 조직 전체의 신뢰도가 낮아질 가능성이 있다. 그러므로 우리는 올바른 앎과 실천을 위해서 리더에 대한 정의가 어디서부터 왔는지를 알아야 한다. 지금부터 리더란 무엇인지, 역할과 그 책임의 본질이 무엇인지를 살펴보겠다.

비전을 향해 안내하는 파이다고고스형 리더

영어 'lead'는 '이끌다'라는 뜻이다. 그렇다면 'Leader'란 '이끄는 사람'이다. 조직의 리더는 조직 구성원들을 이끄는 사람으로서, 구성원들을 최종 목적지로 이끈다. 그 최종 목적지는 조직의 비전을 통해 제시되어야 한다. 조직의 리더는 비전을 향해 조직 구성원들을 안내하는 임무를 수행하며, 책임감 있는 리더로서 '안내'는 당연한 몫이다.

김동훈의 저서, 『리더의 언어사전』에 따르면 고대 그리스 시대에도 '안내자'라는 개념이 있었다고 한다. 고대 그리스에는 안내자를 '파이다고고스(παιδαγωγός)' 라고 불렀고, "파이다고고스는 파이도스(아이의)라는 말과 아고고스(안내하는)라는 말이 결합되어 어린이를 안내하는 사람"을 의미한다. 이 단어는 영어 페다고그(pedagogue)의 뿌리어로 지금은 흔히 선생, 교사로 번역되고 있다. 김동훈은 고대 그리스 시대에는 아이만을 '파이스(파이도스의 주격형)'라고 부르지 않았다고 설명한다. 어른이 되어서도 배우고 익혀야 할 사람에게도 '파이스'라고 불렀다고 한다.

이 이론을 종합해 보면 리더란 자신보다 경험이 적어 배움을 필요로 하는 대상을 교육하고 가르쳐서 목표와 비전을 향해 성장하도록 안내하는 사람이다.

잠재성을 현실로 이끌어내는 직원 육성

고대 그리스에 전통을 둔 시민 교육은 7개의 과목을 '파이스'에게 가르쳤다고 한다. 문법, 수사학, 논리학, 수학, 기하학, 천문학, 그리고 음악이 7학에 해당한다. 이 7학을 통틀어 '교양(파이스에게 속한 것, paideia)'이라고 불렀다. 교양을 쌓아야 권한과 의무를 행사할 수 있는 성숙한 자유 시민이 될 수 있었다. 마찬가지로 조직의 리더는 7학과 같은 교육을 통해 직원들을 성장할 수 있도록 가르치고 역량개발에 힘써야 한다. 이런 교육을 조직에서는 직원 육성으로 볼 수 있다.

리더는 육성을 통해 직원들이 기초교양을 쌓을 수 있도록 관리하고 설득하며, 그 방법들을 제시할 수 있어야 한다. 물론 7학을 똑같이 가르치라는 말은 아니다. 고대 그리스 7학의 목적이 그들의 잠재성을 발견하고 역량을 현실로 나타내려 했던 것처럼, 구성

원들의 역량을 발견하고 자신이 지닌 기능을 제대로 발휘할 수 있
도록 각자에게 적합한 훈련과정을 적용하여 교육해야 한다. 단순
히 지식 차원을 높여 성과를 올리는 것이 아닌, 그들의 숨겨진 잠
재력을 발견하고 창의성을 발휘할 수 있도록 해야 한다. 여기서
이끌어야 할 사람은 리더, 본인 또한 포함한다. 리더가 자신을 스
스로 성장시키고 역량개발을 위해 노력하는 것이 바로 셀프 리더
십이다.

리더(Leader)의 모델로서의 파이다고고스

▶ 리더는 조직의 최종 목적지로 구성원들을 안내하는 안내자.

▶ 고대 그리스에 있었던 파이다고고스(παιδαγωγός)는 어린이를
 안내하는 사람이며 문법, 수사학, 논리학, 수학, 기하학, 천문학,
 음악의 7학을 가르침.

▶ 파이다고고스는 영어 페다고그의 어원이 됨.

셀프 리더십을 통한 리더의 자기 관리

셀프 리더십은 리더가 개인적으로 자기 자신을 관리하고 개발하는 능력을 강조한다. 따라서 리더는 자기 평가를 통해 강점과 약점을 파악할 수 있어야 하며, 지속적인 학습과 배움을 통해 성장해야 한다. 리더가 조직 구성원들을 올바르게 가르치고 이끌기 위해서는, 구성원들보다 한발 앞서가 큰 그림을 볼 수 있는 조감도와 통찰력을 지니고 있어야 한다. 끊임없이 자신의 실력을 갈고 닦지 않으면 구성원들보다 실력이 오히려 뒤처진 리더로 평가될 뿐 아니라 자신이 가지고 있는 낡고 녹슨 도끼로 나무를 베고 있으면서 오히려 조직의 구조나 팀원들의 실력만을 탓하고 있을지도 모를 일이다. 결국 파이다고고스는 직원 교육뿐만 아니라 리더 자신에게도 그 의미를 적용하고 실천해야 한다. 이것이 리더의 본질적 의미라 할 수 있다. 자신과 타인을 안내하는 파이다고고스를 기억하자.

2. 테트리스 게임의 법칙을 활용한 조직 성과 높이기

테트리스 게임을 오래 즐기는 방법

어린 시절, 종종 오가던 오락실에서 한 번쯤은 빠짐없이 즐겼던 게임이 있는데, 바로 테트리스였다. 테트리스는 단순히 친구와의 경쟁뿐만 아니라 혼자 플레이하면서 나 자신과의 경쟁에도 불을 지폈던 게임이었다. 게임에서 금방 지면 실력이 부족한 듯한 기분이었지만, 남들보다 오랜 시간 동안 플레이하는 날이면 나 자신의 두뇌 능력을 칭찬하기도 했다.

그림 1- 테트리스 게임

테트리스 게임은 한글의 자음과 모음으로 이루어진 글자 모양
의 조각들이 위에서 아래로 무작위로 내려오면, 이 조각들을 프레
임 아래에 차곡차곡 쌓아가는 게임이다. 조각들을 쌓을 때 빈 여
백들이 많아지면 금세 프레임 상단의 경계선에 닿아 1분 만에도
끝나버릴 수 있다. 이렇게 쉽게 끝나지 않기 위해서는 매번 생성
되는 조각들을 짧은 시간 안에 빈틈없이 맞추어 가능한 한 빈 공
간이 없도록 해야 한다. 이 게임의 노하우라면 빠른 판단력과 반
응 속도가 무엇보다 중요하다고 할 수 있다. 매번 생성되는 조각
들을 효율적으로 배치하고 높은 곳에 쌓인 글자 조각들을 효과적
으로 제거하는 것이 승리의 핵심이기 때문에 미리 계획을 세워 놓
고 실수를 최소화하는 것이 중요하다. 또한 적절한 타이밍에 글자
조각을 회전시켜 틈새에 알맞게 배치하는 것도 게임의 핵심이다.

테트리스 게임은 결국 빠른 판단력과 상황에 대처하는 능력을 요구하는 게임이다.

조각을 맞추듯 역량에 꼭 맞는 적합한 배치

그림 2– 역량에 맞는 부서 배치

테트리스 게임에서 조각들이 모여 완벽한 라인을 이루면 오랜 시간 게임을 즐길 수 있듯이, 조직이 장기간에 걸쳐 성장하고 지속 가능해지려면 직원 각자가 그들의 역량에 맞게 적절히 배치되어 균형 잡힌 라인을 형성하는 것이 중요하다.

프랑스 철학자 질 들뢰즈와 정신의학자 펠릭스 가타리는 『천개의 고원』에서 "조직의 창조적 생성은 새로운 것을 만들어내는 것이 아니라, 이미 있는 것들의 새로운 배치를 통해 가능하다"고 설명한다. 이 말은 기존 직원들의 역량(잠재력)을 발굴하고, 그들의 아이디어를 적극적으로 활용하여 구체화하는 것이 중요하다는 것을 시사한다. 다시 말해, 새로운 대상을 향한 갈증보다는 현재 소속된 직원의 역량을 활용하여 창의적이고 지속 가능한 변화를 이루어내는 것이 새로운 대상을 찾는 것보다 더 효과적이라는 것이다.

들뢰즈와 가타리의 조직 창조적 생성 이론

▶ 이미 있는 것들의 새로운 배치를 통해 가능하다는 설명.
▶ 직원의 역량 발굴과 아이디어 활용의 중요성 강조.
▶ 창조 또는 창의성은 아예 새로운 것에서부터 시작되는 것이 아닌, 기존 자원(직원)의 재배치를 통해 가능해짐.

조직에 소속된 직원들은 보석 같은 존재다. 아직 그 능력이 드러나지 않았던 이유 중 하나는 직원의 역량과 관련한 적합한 업무

배치가 이루어지지 않았기 때문이다. 가지고 있는 자원과 능력은 개개인마다 다르다. 가지고 있는 자원과 능력에 맞는 적합한 업무 배치가 없다면 빈 여백만 가득한 테트리스 게임을 하는 것과 별반 다르지 않다. 얼마 가지 않아 게임은 끝날 게 뻔하다. 조직의 리더는 구성원들의 역량과 특성을 고려하여 최적의 배치와 직무 부여를 통해 그들의 역량이 드러날 수 있도록 해야 한다.

업무 결과물이 만족스럽지 못한 이유는 배치의 문제

1장에서 배치를 소명이라고 설명했다. 소명 이후에는 미션을 수행하게 된다. 이때 리더가 직원들의 역량과 일치하지 않는 업무에 그들을 배치하면 해당 직원의 고유한 역량을 제대로 발휘할 수 있는 기회는 절대로 오지 않는다. 물론 자신의 역량에 맞지 않는 다양한 업무 경험도 직원들에게는 좋은 기회가 될 수도 있다. 그러나 업무에 대하는 몰입도와 그에 따른 성과의 결과는 자신에게 꼭 맞는 업무와 그렇지 않은 업무에서 큰 차이가 난다. 역량과 일치하지 않는 업무를 맡으면 일의 진행 과정에서 어려움을 겪을 수 있고, 스트레스와 불만을 느낄 수 있어 업무 만족도는 당연히 떨어질 수밖에 없다. 또한 자신의 역량과 일치하지 않는 업무를 맡게 되면, 시간과 에너지가 낭비되어 다른 업무에도 집중하지 못하는 결과를 낳는다. 결국에는 맡은 업무에 대한 결과물도 만족스럽지 못하거나 혹은 그 성과가 낮아질 가능성이 크다.

  최근 들어 크고 작은 조직에서 구성원들의 적성 및 기질 검사를 통해 그들의 역량에 맞는 업무를 연결해주거나 적합한 부서에 배치하는 사례들이 늘고 있다. 몇몇 대학에서는 기질 검사를 통해 학생들의 진로 방향을 결정해주기도 한다. 이러한 모습은 그들의 역량을 최대한 찾고 그 역량에 맞는 직업을 선택할 수 있도록 돕는 노력의 하나라고 볼 수 있다. 적성검사가 보편화되지 않았던 시절에는 주로 직원들에게 보이는 성과와 능력만을 기반으로 그들을 판단했다. 이 말은, 성과를 잘 내는 사람은 그 일이 천성이라고 보고 비슷한 업무를 계속해서 도맡게 한다는 것이다. 하지만 짧은 기간에 걸쳐 이루어낸 성과라면 그 사람의 본질적인 역량으로부터 발휘된 결과물인지 분석해야 한다.

만약 그 일이 천성이 아니라면

　요식업과 관련한 프랜차이즈 사업을 성공적으로 이뤄낸 P 대표의 사례를 살펴보자. P 대표는 2년 전, 누구나 선망하는 대기업을 퇴사한 후 자영업을 시작하게 됐다고 한다. 그가 회사를 떠난 이유는 단순히 일이 지루해서였다. 그가 맡은 업무는 기술지원과 관련한 일이었고, 나름 전문 직종이어서 연봉도 높고, 그런대로 만족스러웠다고 한다. 처음에는 성과도 눈에 띄게 보였고 상사에게 인정을 받았지만, 시간이 흐를수록 회사 내부에서의 답답함과 일의 흥미를 잃기 시작했다고 한다. 결국 P 대표는 팀 사수에게 조금 더 활기찬 일을 원한다고 솔직하게 털어놨지만, 현재 P 대표가 맡은 업무를 대신할 인력이 없을 뿐만 아니라, 지금의 일을 P 대표가 맡은 지 얼마되지 않는다는 이유로 받아들여지지 않았다. 그 후 6개월이 흘렀고, 견디다 못해 퇴사를 결정했다고 한다. 당시 P 대표는 6개월의 시간이 60년 같았다고 말했다. 또한 그 기간 동안 수동적 태도로 일을 했고, 단 한 번도 제대로 된 업무 성과를 보여주지 못했다고 한다. 그 기간을 자신의 삶 중 가장 한심한 순간으로 기억한다고 한다. 그러나 대기업을 떠나 요식업으로 전환 후, P 대표는 영업과 마케팅을 병행하며 뛰어난 역량을 발휘할 기회를 만났다. 이를 통해 자신의 능력을 더욱 키울 수 있게 되었고, 현재는 뿌듯함과 패기로 가득 차 있다고 전한다. 만약 그 당시 사수가 P 대표의 요청을 고려해 상사와 논의 후 그의 적성에 맞는 업무로 재배치했다면, P 대표는 당시의 성과보다 더 큰 업적을 이루었을 것으로 생각된다.

적합한 업무 배치는 다이너마이트 도화선의 불씨

조직 내에서 업무를 대하는 태도가 능동적이고 성과의 결과가 좋은 직원과 그렇지 않은 직원이 있다면 후자는 역량과 맞는 배치가 이루어지지 않았을 가능성이 높다. 직원들의 능동적이거나 수동적인 태도는 분명 리더의 적합한 배치 능력과 관련된다. 따라서 조직의 리더는 업무를 지시하기 전에 우선, 구성원 개개인의 역량과 적합한지를 확인하고 만약 문제가 있다면 재배치를 시도해야 한다. 이러한 과정을 거치면서 직원들은 자신의 역량을 최대한 발휘할 기회를 부여받게 되는 것이며, 이는 조직 전체의 성과 및 발전에 관련된 근본적 문제를 해결하게 한다.

그렇다면 역량(competence)이란 무엇일까? 역량은 잠재력(potential)이다. 내 안의 무궁무진한 잠재력들이 아직 밖으로 실현되지 않은 것을 역량이라고 한다. 이때 "잠재력은 영어로 potential인데, 이 단어는 라틴어 potentialis에서 왔고, 또 이 단어는 그리스어 뒤나미스(dynamis)에서 왔다."(김동훈, 『리더의 언어사전』)

뒤나미스는 다이너마이트의 어원이라고 설명한 바 있다. 폭발할 때 발생하는 엄청난 파괴력은 이 어원에서 상상된 것으로 볼 수 있다. 하지만 다이너마이트를 사용하려면 도화선에 붙일 불씨가 필요하다. 제아무리 엄청난 폭발력을 가지고 있는 다이너마이트라도 불씨 없이는 무용지물이 돼 버린다. 구성원들의 잠재력이 아직 현실로 구현되지 않았다고 할 때 이들이 발휘할 수 있는 엄청난 능력을 발굴하고 이를 활용하기 위해서는 적합한 업무 배치가 필수적이며, 리더의 적합한 업무 배치가 도화선의 불씨가 된다. 리더는 철저한 분석과 검토를 통해 구성원의 능력과 성향을 고려한 적절한 업무 배치를 수립하도록 노력해야 한다.

역량이란?

▶ 잠재력의 일종으로, 내 안에 있는 무궁무진한 잠재력들이 아직 밖으로 실현되지 않은 상태.

▶ 라틴어 포텐시알리스(potentialis)와 그리스어 뒤나미스(dynamis)에서 유래.

▶ 다이너마이트는 뒤나미스에서 유래한 단어로, 폭발할 때 발생 가능한 엄청난 파괴력.

▶ 다이너마이트를 사용하려면 도화선에 붙일 불씨가 필요하듯이 구성원들의 잠재력이 아직 현실로 구현되지 않았다면, 이들이 발휘할 수 있는 엄청난 능력을 발굴하고 이를 활용하기 위해서는 적합한 업무 배치가 필수적.

▶ 리더는 구성원들의 능력과 성향을 고려하여 적절한 업무 배치를 수립.

▶ 이를 위해 철저한 분석과 검토가 필요하며, 적합한 업무 배치는 도화선에 붙일 불씨가 됨.

3. 잡담은 금물, 얼굴 맞대고 면담

아이들의 잠재성 발견은 사회 어른들의 역할

인간은 자신의 역량과 잠재성을 스스로 발견하기가 쉽지 않다. 물론 다양한 경험과 성취감을 통해 발견할 수 있지만, 그 과정은 시간과 비용이 많이 들며 스스로 성찰과 지속적인 노력이 필요하다. 이러한 이유로, 자신의 역량과 잠재력을 발견하는 과정들은 어려운 일이며 개인에게는 부담스러울 수 있다. 그래서 조직 내에서는 경험 많은 리더가 직원들의 잠재성을 발견하고 그 역량을 발휘할 수 있도록 이끌어야 한다.

아이들의 성장에 대해 고려할 때, 아이들의 잠재력을 발견하고 개발시키는 것은 부모와 스승의 필수적인 역할이다. 따라서 사회의 어른들은 아이들이 자신의 강점을 인식하고 그것을 발휘할 수 있도록 함께 도와야 한다. 부모와 스승은 아이들이 무엇을 하고 싶어 하는지, 어떤 행동과 경험을 했을 때 즐거워하는지를 세심하게 관찰한 후 우연히 혹은 어떤 과정의 결과로 나타난 능력을 발견하고, 이를 적합한 진로로 이어갈 수 있도록 개발해 주어야 한다. 이는 앞서 언급한 P 대표의 사례와는 매우 다른 맥락에서 해석되어야 한다. P 대표가 회사에서 보인 성과는 오랜 시간 훈련하고 학습한 결과물이다. 즉 목적을 두어 예측한 결과물이라는 것이다. 그러나 아이들은 기술적인 훈련과 학습 경험이 부족하므로 찰나에 나타난 능력이 진짜 잠재력에서 발휘되었을 확률이 높다.

조직의 리더는 사회의 스승이자 보호자

조직의 리더는 구성원들에게 사회의 스승이자 보호자와 같다. 경험이 많은 리더는 객관적인 시선으로 구성원들의 역량을 파악하고, 그들이 능력을 발휘할 수 있는 적합한 업무를 부여해야 한다. 한 사람의 역량은 한두 가지로 한정될 수 없다. 실제로는 아직 드러나지 않은 잠재력이 몇 배, 혹은 몇십 배나 더 있을 것이다. 리더는 그런 잠재력을 발견하여 보석으로 탄생시키기 위한 일종의 원석을 찾는 과정들을 만들어야 한다. 이를 위해 우리는 직원들의 역량을 함께 파악하고 그들이 가진 잠재력을 최대한 발휘할 수 있는 환경과 기회를 제공해야 한다. 어린이들에게는 부모와 스승의 역할자가, 사회 조직에서는 리더가 그 몫을 알고 책임을 다해야 한다.

그렇다면 구성원들의 역량과 잠재성은 어떻게 파악할 수 있을까? 우선 역량과 능력은 차이가 있다. 능력은 이미 드러난 결과물로 확인될 수 있지만, 역량은 아직 발견되지 않은 잠재성이다. 이러한 잠재성을 발견하기 위해서는 리더의 노력이 필요한데, 그중 하나가 면담이다. 면담을 통해 직원들의 역량을 파악하고 그들의 잠재성을 발굴할 수 있다.

면담을 통해 직원의 과거 속으로

면담은 얼굴을 맞대고 진행하는 대화 형식으로 리더는 직원의 과거에 대한 부분을 면담을 통해 귀 기울여 들어야 한다. 유년기나 청소년기를 보내면서 뛰어난 재능이나 자발적으로 몰입한 경험들, 누가 시키지 않아도 즐겁게 몰입했던 경험들에 관한 이야기를 들어야 한다. 그 경험 속에서 직원들의 역량과 잠재성을 발견할 수 있다.

청소년기는 성인이 되어가는 과정에서 가장 자유로울 뿐만 아니라 하고 싶은 일들을 마음껏 시도하려는 욕구가 그 어느 때보다도 강한 시기다. 자신의 정체성을 찾고자 하는 갈망과 자유의지가 강했던 시기의 성공 경험들, 그리고 열정을 가지고 시도했던 도전 과제들은 직원 고유의 역량을 발견할 수 있는 '핵심 지점'이다. 따라서 면담을 통한 과거의 경험 발견은 직원의 성장을 촉진할 기회가 되며 리더가 노력해야 할 중요한 과정이다. 또한 리더는 직원의 면담을 통해 청소년기를 지나 성인이 되어서도 놓지 않고 이어가는 취미생활이 있는지를 파악해 보자. 분명 그 영역에서 해당 직원은 뛰어난 자질을 지니고 있을 것이다. 면담에서 얻은 이 정보를 기반으로 조직의 업무와 연결할 방법을 최대한 찾아봐야 한다. 리더가 핵심 지점을 파악한 후 결정한 업무 배치를 통해 해당 직원은 예상했던 것 이상의 성과를 분명하게 나타낼 것이다.

주기적인 면담이 잡담이 되지 않게

자신의 역량에 따른 업무 배치는 무엇보다 중요하다. 직원의 차원에서 볼 때 절차상 자신의 역량이 배제된 채 어쩔 수 없이 주어진 업무와 자신의 역량을 파악해 부여된 업무에 대한 태도는 다를 수밖에 없다. 시간과 비용, 그리고 에너지를 절약하는 유일한 방법은 리더가 직원들의 역량을 발견하는 것이며, 그 역량과 관련된 업무에 직원들을 배치하고 적합한 업무를 부여하는 것이다. 그래서 면담을 주기적으로 실시해야 하지만 이러한 면담이 잡담으로 전락하는 것은 피해야 한다. 면담의 목적은 시간을 보내는 것이 아니라 질 좋은 대화를 통해 역량을 발견하는 것이다. 또한 구성원들과 함께 하는 면담은 매우 중요한 역할을 함으로 리더는 면담 과정을 기록하거나 남겨야 한다. 면담 기록은 향후 성장 및 발전을 위해 참고 자료로 활용될 수 있다. 이렇듯 면담은 리더와 구성원 간의 효율적인 발전을 지원한다.

4. 직원 육성 비용을 아깝다고 생각하는
   당신에게 하는 쓴소리

배신감과 상실감이 두려운 A 대표

　최근에 필자는 모 기업 대표 A와 식사를 하게 되었다. 그러던 중 자연스럽게 회사의 경영에 관한 이야기가 나오게 되었고 대표는 현재의 고민을 털어놓았다. 요즘 입찰 경쟁에서 계속 패배하고 있는데, 그 이유는 당사 직원들의 능력 부족 때문이라고 했다. 대표 관점에서 바라봤을 때 직원들은 발전하고자 하는 의지가 부족하며 현실에 안주하고자 하는 욕구가 많은 것 같다는 것이다. 그래서 직원들의 역량을 개발하고자 세미나 및 교육 훈련 기회를 제공하고 싶지만, 막상 하려고 하니 망설여진다고 했다.

　이렇게 원인과 해결 방법을 알고 있지만, 대표나 리더가 망설이는 이유가 있다. 회사가 직원들을 육성하기 위해 많은 돈과 시간을 투자하더라도 그들의 능력 향상이, 다른 회사로 이직하는 결과를 초래할 수 있기 때문이다. 그때의 배신감과 상실감이 너무 크기 때문에 대표 A는 어쩔 수 없이 직원 스스로 자신의 무능력함을 깨닫고 역량을 개발하기만 바랄 뿐이며, 지금은 그저 잔소리나 호통만 칠 뿐이라고 했다.

직원 육성으로 자부심 느끼는 B 이사

다음은 유통업에서 근무하는 B 이사의 실제 사례다. S 유통 기업의 교육 담당으로 있었던 B 이사는, 직원의 육성을 위해 해외연수 및 세미나 등의 교육 훈련을 계획했고, 최고 결정권자인 회장에게 보고했다고 한다. 그런데 회장은 기획안을 받아 본 후 강력한 반대 의사를 표했다고 한다. 이유는 조금 전 컨설팅사 A 대표와 같기 때문이다. 비용과 시간을 실컷 들여 역량개발을 시켜줬는데, 그런 인재를 잃으면 어쩌냐는 것이었다. 그런데 불과 10분도 채 되지 않아 B 이사는 결정권자 회장에게 허락을 받았다고 한다. 도대체 어떻게 설득한 것일까?

B 이사가 회장에게 한 말은 다음과 같다. "그런 일은 벌어지지 않을 것으로 생각합니다. 설사 그 직원이 다른 곳으로 이직하더라도 배신하지는 않을 겁니다. 유통업계의 훌륭한 인재 중 한 명을, 우리 회사에서 육성했다는 자부심만으로도 충분할 것 같습니다". 회장은 만족한 듯 미소를 지으며 기획안에 사인했다고 한다. 그런데 실제로 직원 육성을 받았던 대상자 중 한 명이, 다른 유통 회사로 이직을 했다고 한다. 그리고 얼마 지나지 않아 그는 비즈니스 클라이언트가 되어 B 이사를 만났다고 한다. B 이사는 전혀 놀랍지 않았다. 오히려 능력 있는 비즈니스 파트너로 만나게 되어 뿌듯했다고 말했다. 물론 두 회사는 좋은 파트너십을 보여줬다고 한다.

새 도끼 녹슨 도끼

A 대표와 B 이사는 직원 육성을 조직의 필수 요소로 여기는지에 대한 견해에서 크게 엇갈린다. 조직과 육성은 떼려야 뗄 수 없

는 관계다. A 대표는 조직의 이익과 손해를 따져 직원 육성을 고려하는 반면 B 이사는 직원 육성을 회사의 의무로 인식하고 있다. 물론 육성의 과정에 있어서 비용과 시간이 필요하다. 하지만 우리는 나무를 정확하게 베기 위해 도끼를 갈고 닦을 때 들이는 시간과 비용을 낭비라고 생각하지는 않듯, 더 큰 결실을 얻기 위해서 직원 육성에 힘써야 한다.

조직이 성장하고 목표를 달성하려면 직원들의 교육과 성숙은 필수적이다. 이를 위해 투자되는 자원이 아깝다고 생각해서는 안 된다. 조직 내에서 이익과 손해로 따져 육성을 고려하는 것은 조직의 성장을 저해할 수 있다. 마치 직원들에게 녹슨 도끼만 손에 쥐여주고, 단단한 나무를 베라고 지시하는 것과 같다. 직원 육성은 이익과 손해를 따져 취사선택하는 옵션이 되어서는 안 된다. 이러한 접근 방식은 직원들에게 불만을 불러일으키며 조직에 대한 신뢰성과 직원 자신의 동기부여를 감소시키기에 충분할 뿐이다.

5. 관성의 법칙에서 가속의 법칙으로 나아가기

관성에서 가속도로의 전환

육성에서 빠질 수 없는 단계는 직원의 동기부여다. 동기란 어떠한 목적을 향해 행동을 일으키게 하는 계기로 정의된다. 직원들을 향한 리더의 동기부여는 조직 내에서 긍정적인 변화와 개인의 성과를 이끌어내는 핵심적인 요소이다. 동기부여 과정에서 변화를 꺼리는 경향이 있는 상황에서 움직이지 않으려는 대상을 움직이도록 만들기 위해서는 꾸준한 관찰과 실질적인 지원이 필요하다. 이는 마치 뉴턴의 운동 제1 법칙인 관성의 법칙에서, 제2 법칙인 가속도의 법칙으로의 전환이라고 비유할 수 있다. 즉 현재의 안정 상태를 지향하는 우리의 성향에도 불구하고, 새로운 동기를 얻어 속도를 내기 위해서는 더 많은 자극과 에너지가 필요하다. 그러나 현실에서는 구성원들에게 부여된 동기부여가 종종 관성의 법칙에 머물러 있고, 그 방향으로의 가속도가 부족한 경우가 많다. 특히 조직 내에서 오랜 시간 동안 근무한 사람들은 변화에 대한 저항이 강할 수 있다. 이러한 상황에서는 운동의 변화가 쉽게 이루어지지 않는 경우가 흔하다. 그러므로 리더는 자신의 행동이 직원들에게 어떤 방향으로 동기부여 되는지를 적극적으로 파악하고 조절해야 한다.

뉴턴의 제1 법칙과 제2 법칙

▶ 존 뉴턴의 제1 법칙, 관성의 법칙은 물체가 어떤 외부 힘이 작용하지 않는 한 현재 운동 상태를 일정하게 유지하려는 성질로 버스가 갑자기 출발하거나 멈출 때 몸이 흔들리는 경우와 같음.

▶ 제2 법칙, 가속도의 법칙은 물체의 운동 상태를 바꾸기 위해서는 외부 힘이 필요하다는 뜻으로 물체의 질량에 가해지는 힘이 그 물체의 가속도를 결정한다는 뜻임.

가속도를 얻는 것은 결코 쉬운 일이 아니다. 운동의 방향을 바

꾸기 위해서는 더욱 강력한 자극이 필요하다고 생각되며, 구성원 개개인에게 맞는 동기부여가 부족하다면 관성의 법칙을 극복하기 어려울 것이다. 따라서 필자는 동기부여가 최종 목표 지점이 아니라, 동기부여의 효과가 제대로 작용하여 에너지 변환이 이루어진 상태, 즉 동기발현상태까지 이어져야 한다고 생각한다. 리더는 이러한 관점을 채택하여 구성원들에게 동기부여를 찾아 동기발현상태를 유도해 나가야 한다.

잠재력이 외부로 드러난 결과, 동기발현상태

'동기발현상태'는 적절한 자극을 통해 숨겨져 있던 잠재력이 외부로 드러나 현실로 나타나며, 내·외부 감각자극을 통한 이성의 작용이, 결국에는 '행동과 실천'으로 나타난 상태를 의미한다. 여기서 내·외부의 감각자극이 동기부여이며, 이 자극으로 잠재력이 외부로 나타난 결과물이 동기발현상태이다.

동기부여에서 동기발현상태로 진전하기 위해서는 무엇보다도 적합한 자극이 필요하다. 이는 우연히 접한 책, 감동적인 드라마나 영화, 박물관이나 전시회 그리고 가족이나 직장 선후배와의 대화와 면담, 여행 등을 통해 얻을 수 있다. 이러한 다양한 경험은 새로운 시각과 통찰을 제공하며 각 경험은 동기부여의 씨앗으로 자라나게 된다.

동기부여(Motivation)와 동기발현(Motivation Expression)의 차이

▶ 동기부여 – 개인이 목표를 달성하기 위해 받는 자극이나 원동력.

▶ 동기부여는 개인의 욕구, 가치, 목표, 성취 등에 영향을 미침. 행동을 유발하고 지속시키는 역할.

▶ 동기발현 – 동기부여를 받은 개인이 행동으로 나타내는 것.

▶ 동기발현상태는 동기부여를 받아 목표를 향해 행동함. 즉 결과를 창출하는 과정. 개인의 잠재력과 역량이 실제로 현실에서 나타나고 성과로 이어짐.

▶ 동기부여는 개인에게 필요한 자극과 원동력을 제공하며 행동을 유발하는 반면, 동기발현은 그 동기부여를 실제로 행동으로 나타내는 것. 동기부여와 동기발현은 목표 달성과 행동을 취함에 따라 필요한 역할을 하지만, 각각의 역할과 과정에서 차이가 있음.

외재적 보상을 넘어 내재적 보상으로

앞서 필자는 조직 내에서 수동적이거나 행동하지 않으려는 직원들에게는 효과적인 동기부여를 위해 강력한 자극이 필요하다고 설명했다. 이런 직원들에게는 정확한 보상이 필요한데, 이는 외재적 보상으로 알려져 있다. 외재적 보상은 조직 내에서 성과를 달성하거나 높은 업무 효율성을 보여준 직원들에게 주어지며, 이를 통해 직원들의 동기부여와 성과향상을 촉진할 수 있다. 최근 연구에 따르면, 외재적 보상은 조직원들의 동기부여에 있어서 즉각적인 효과를 가져올 수 있지만, 장기적인 영향을 기대하기는 어려운 것으로 연구되고 있다. 다시 말해, 지속적인 성과향상을 위해서는 외재적 보상만으로는 충분하지 않으며, 이러한 단기적인 인센티브가 지속적인 동기부여를 제공하기에는 한계가 있다고 볼 수 있는 것이다. 이에 대한 연구 결과로 내재적 보상이 더욱 중요시되고 있다.

『Drive 드라이브』의 저자인 다니엘 핑크는 외재적 보상만으로는 조직 구성원들의 동기부여를 지속해서 유지하고 발전시키기 어렵다는 견해를 제시하고 있다. 그는 리더가 조직 구성원들의 참여와 역량 강화를 도모하기 위해 내재적 보상을 고려해야 한다고 설명하고, 이를 위해 "자율성 부여 및 자기 주도성의 기회, 개인적 성장 기회, 그리고 맡은 업무에 대한 가치 부여"가 내재적 보상을 높이는 데에 중요한 역할을 한다고 말한다. 이를 통해 직원들은 동기부여에서 동기발현상태로 나아갈 수 있다.

동기발현상태로 나아가게 만드는 내재적 보상

내재적 보상에 따른 직원들의 자율성과 자기 주도성의 기회는 개인의 성장에 긍정적인 영향을 미친다. 이는 자연스럽게 권한을 위임하는 과정으로 이어져 자부심과 책임감을 높여주며, 동시에 강력한 동기부여가 된다. 이렇게 시작된 동기부여는 맡은 업무에 대해 좋은 성과를 창출하고자 하는 의지로 변화하게 된다. 직원은 더 나은 성과를 이루기 위해 노력하며, 이때 자신의 역량을 최대한 발휘하여 효과적인 결과물을 창출하게 될 것이다. 이는 필자가 강조한 동기부여에서, 동기발현상태로 나아가는 과정을 나타낸다.

필자는 산업 강사로서 15년의 경력을 보유하고 있다. 강의를 시작한 지 얼마 되지 않은 때, 필자를 성장하게 도와준 H 이사에 대해 소개하고자 한다. H 이사는 평상시에도 함께 일하는 후배들과 교육을 기획하고 개발하는 과정에서 자신의 의견을 따라야 한다는 압박감을 주지 않고 의견을 존중해주었던 분이다. 한번은 큰 규모의 강의를 진행하기 전 콘텐츠 개발을 H 이사와 공동 기획하게 되었다. 경험이 풍부한 H 이사는 교육의 목적과 목표를 공유하고, 세부적인 콘텐츠 및 강의 흐름을 결정하는 과정에서 필자에게 권한을 위임했다. 처음에는 당황하고 실수를 저질러 막막했지만, 그럴 때마다 H 이사는 시간이 여유로우므로 숨을 고르고 천천히 다시 시작하라고 격려했다. 혹시 실패하더라도 함께 해결할 것이며 걱정하지 말라는 H 이사의 지원 덕분에 필자는 스트레스 속에서도 최선을 다하며 노력했다. 구상한 내용이 인정받고 현실에 적용되자 필자는 의욕을 되찾았다. 한 달간의 온전한 헌신 끝에 본격적인 강의가 시작되었고, 첫 강의를 마치고 피드백을 나누는 시간에서 클라이언트 담당자의 만족한 평가를 듣자 자신에게 자부심을 느꼈다. 그 경험이 필자가 전문 강사로 거듭날 수 있었던 계기가 되었다.

이러한 관점에서 내재적 보상은 구성원은 물론, 조직의 장기적인 성장과 발전을 위해 꼭 필요한 요소라 할 수 있다. 이는 단지, 성과물에 대한 보상이 아니라 그 과정에서의 '자기성장'과, '자기실현'의 경험을 할 수 있는 것이다. 수동적으로 지시받은 일이라 할지라도 임무자에게 자율성 및 주도성과 같은 내재적 보상을 보장해준다면, 직원들은 동기부여에서 동기발현상태로 나아가려고 할 것이다.

6. 당신은 우수한 인재를 놓치고 말았다

회사생활이 만족스럽다고 말한 신입사원의 퇴사

최근에 필자가 강연 도중 리더로 업무를 진행하고 있는 교육생 한 분과 대화를 나누었다. 새로 입사한 직원이 6개월 만에 퇴직을 하겠다며 면담을 요청했는데 리더의 입장에서 매우 당황했다고 한다. 사직을 요구한 해당 직원은 입사 초기부터 회사생활이 너무 만족스럽고, 주말이 오히려 지루하다며 월요일이 빨리 오기를 기다린다는 말을 자주 했기 때문이라는 것이다. 어느 날 갑자기 퇴직하겠다며 면담을 요청했고, 몇 번의 면담을 통해 퇴사를 만류했지만, 퇴사 의지가 너무 확고하고 완고해 결국 직원의 요구대로 퇴사 절차를 밟았다고 한다. 퇴사한 직원에게 향한 리더의 실망감이 매우 큰 듯싶었다.

　필자는 면담 시 무슨 질문들을 했는지를 리더에게 물었다. 그는 조직 생활에 힘든 점이 있는지 혹은 연봉의 불만이 있는지 등을 질문했다고 한다. 그런데 질문에 대해서 대답은 모두 '아니요'였고, 회사와 본인이 맞지 않는 것 같다는 말만 되풀이했다고 한다. 정확한 원인을 알 수 없어 답답했지만, 결국 그 직원이 다른 회사에 쉽게 취업하리라는 결론을 내리고 퇴사를 허락했다고 한다. 이 리더의 말을 들은 필자는 해당 직원이 조직 내에서 원하는 내적 욕구가 제대로 파악되지 않아서 이런 결과가 나타난 것으로 판단되었다. 그렇게 생각한 이유는 필자도 해당 직원과 같은 사유로 퇴사 경험이 있기 때문이다.

잠재성을 펼칠 수 없어서 떠나가는 직원들

금융기업에 종사했던 신입 시절 필자는 회사에 대한 기대감과 포부가 남달리 컸다. 그런데 1년이 넘도록 내게 주어진 업무는 만족스럽지 못했다. 일을 못 한다는 피드백보다는, 잘한다는 칭찬을 받았던 터라 기대감이 컸을 수밖에 없었다. 하지만 필자는 조직에서 1년이 넘도록 기대했던 내적 욕구들이 채워지지 않아 허탈감을 느꼈다. 어느 날 문득, 항상 제자리에 머물러 있는 나 자신을 바라보니 실망이 컸다. 결국 스스로 선택했던 조직을 떠나 나의 잠재성을 펼칠 수 있는 곳으로 이직했다. 그 당시 팀의 리더들은 면담을 통해 퇴사를 만류했고, 앞서 말한 최근 리더 교육생과 같은 질문들을 내게 했었다. 신입사원이었던 필자는 면담에서 본인의 성장에 대한 욕구와 배움에 대한 열망을 팀의 리더들에게 솔직하게 말하지 못했다. 조직에서는 위계질서와 절차, 순서가 있기 때문에 마음속 깊은 곳에서부터 올라오는 요구사항들에 대해서 발언할 기회를 얻을 수 없었다.

필자의 경험으로 추측해보건대, 해당 직원의 내적 욕구는 성장과 성숙, 그리고 배움에 대한 갈망이었을 것으로 생각된다. 그 직원은 현재 맡은 일에 대한 열정과 더 나은 성과를 이루기 위해 노력하는 것은 물론이고 조직 내에서 다른 업무에 대한 기회를 간절히 바라고 있었던 것이다. 물론 해당 직원의 말을 직접 듣지 못한 필자만의 해석일 수 있다. 하지만 '주말이 심심하고 월요일이 기다려진다'라는 말은 신입사원에게 좀처럼 듣기 어려운 말로, 이런 해석을 하기에 충분하다.

내적 욕구를 파악할 수 있는 리더의 공감 능력

인간은 누구나 자신이 선택한 조직 안에서 배우며 성장하고 싶어 한다. 성장과 배움 그 결과에 따른 인정의 욕구는 필연적이다. 오랫동안 같은 업무나 단순 업무만 지속하고 있는 직원은 시간이 지날수록 역할에 대한 조직 내 자신의 정체성을 의심했을 수 있다. 하지만 자신의 욕구를 직접적으로 말하지 못한 이유는 경직된 조직 문화와 강한 위계질서 때문이었을 것으로 추측된다. 항상 그렇듯 조직의 경직된 체제는 직원들의 열정을 더는 품지 못하게 만들고 목소리를 감추게 하며 의욕을 꺾기 마련이다.

인간의 내적 욕구는 잠재성처럼 겉으로 잘 드러나지 않는다. 그러므로 직원과의 면담에서 적합한 질문과 경청을 통해 마음의 소리를 듣고 서로의 내적 욕구를 교환할 수 있어야 한다. 이러한 이유로 리더에게는 충분한 공감 능력이 필수적이다. 공감이 결여된 리더의 주관적 판단은 종종 오류를 발생시키고 소중한 자원을 놓치는 결과를 초래한다. 반면 리더의 끊임없는 관심과 관찰은 직원들을 성장하도록 돕고 조직의 만족도와 충성심을 갖도록 할 것이다. 이런 노력은 결과적으로 조직과 구성원들의 성장을 독려하고 강한 멤버십을 형성하게 만든다.

평소 열심히 일했던 직원이 갑자기 퇴사하겠다고 찾아온다면 겉으로 요구하지 못했던 내적 욕구가 무엇이었는지 파악해 보기를 바란다. 그 욕구가 단순한 보상 차원인지, 아니면 성장에 대한 내적 욕구 차원인지를 알고 대처해야 한다. 그렇지 않으면 우수한 인재를 놓치고서도 그 원인을 알 수 없는 일들이 발생할 것이다.

7. 아무것도 하지 않으면 아무 일도 일어나지 않는다

성취감은 원동력

얼마 전 신문에서 읽었던 기사 내용이다. 한 남자가 꿈이 있었다. 하지만 아버지가 병환으로 일찍이 돌아가셔서 어쩔 수 없이 가업을 물려받기 위해 자신의 꿈을 접고 시골로 향하게 되었다고 한다. 아버지의 사업을 물려받은 지 5년이라는 세월이 흐른 지금은 아버지의 일이 자신의 일처럼 느껴지고 그 일이 적성에도 아주 잘 맞는다고 말한다. 이제는 아이디어가 다양하게 떠올라 또 다른 영역으로 사업을 확장하고 싶다고 말한다.

이 기사에서는 아들이 보여준 활력의 원동력에 관해서 이야기하고 있다. 필자는 자율성과 주도성으로 얻은 성취감이 아들에게 원동력이 될 수 있었다고 생각한다. 자율성과 주도성으로 시작된 일들은 초기에 여러 시행착오와 실수를 겪게 되더라도 좌절하거나 포기하지 않는다. 그 과정에서 얻은 실패는 주체적인 과정에서 일어난 일들이기 때문이다. 자신이 선택하고 결정한 일에 대해서 넘어져 쓰러지더라도 다시 일어나 그 상황을 이겨내려는 능동성을 갖는다. 이러한 과정 안에서 실패를 겪은 후에 얻은 크고 작은 성취감들은 우리에게 일에 대해 도전할 수 있는 용기와 강한 동기부여를 제공한다.

활력을 발산하도록 만드는 성취감의 힘

그렇다면 조직 내 구성원들이 자신의 활력 에너지가 급히 상승하는 시점은 언제일까? 첫째, '자신이 잘 수행할 수 있는 일을 맡게 될 때'이다. 이 경우 확신과 예측이 서기 때문에 자신감이 생긴다. 또한 자신의 역량과 맞닿아 있으므로 활력의 에너지가 급상승할 수밖에 없다. 그러나 조직에서는 내 입맛에 맞는 일들만 골라서 마음대로 할 수는 없다. 때로는 자신이 잘하지 못하는 일도 도전해야 할 필요가 있다. 새롭게 맡겨진 프로젝트로부터 얻는 도전의 경험은 자신을 한 단계 성숙해지도록 만드는 계기이다. 그 과정에서 우연히 혹은 노력해서 얻은 성취감들은 자신의 역량을 발견하게 되는 순간이 되기도 한다. 이러한 이유로 성취감은 구성원들의 활력 에너지를 발산하게 만드는 두 번째 요소가 된다. 또한 이런 경우 조직의 리더가 성과 평가에 있어서 공평함을 발휘해야 한다. 익숙하지 않은 생소한 업무를 새롭게 지시받아 수행하는 직원과 그 일에 대해 전문가처럼 잘하는 직원과의 평가를 동일하게 처리한다면 직원들은 공정하지 못하다고 생각할 것이다. 억울함은 물론 직원들의 동기부여가 바닥으로 내려간다. 따라서 성과 평가는 직원 개개인의 역량과 그들에게 주어진 업무 성격을 따져본 후 차등적으로 평가해야 한다. 비 국가대표 선수와 국가대표 선수를 똑같은 기준을 두고 실력을 평가할 수는 없지 않은가. 성과 평가에서만큼은 리더의 예민함과 명민함이 발휘되어야 할 순간이다.

우리가 살아가는 지금의 현실들은 예측한 대로 흘러가는 경우가 많지 않다. 언제 어디서든 경우의 수들은 기어코 발생한다. 그럴 때마다 회피하거나 피하기보다는 경험과 배움의 기회로 생각하고 나의 역량을 믿고 도전해 보자. 어느새 한 뼘만큼 성장한 나 자신을 보면 뿌듯함과 새로운 분야에 대한 도전의 힘을 느낀다. 이렇게 프로젝트를 수행하면서 얻은 경험과 성취감은 자기 자신뿐만 아니라 팀 전체의 성장과 발전에 큰 기여를 할 수 있으며, 결국에는 나의 능력지수를 향상시킬 수 있는 좋은 기회이다.

리더에게 필요한 기다림의 미학

구성원들에게 활력의 에너지를 상승하게 만드는 세 번째 요소는 리더의 기다림이다. 리더는 한번 맡겨진 일이나 프로젝트에 있어서 임무자가 특별한 성과를 내지 못하더라도 기다림의 미학이 필요하다. 물론, 시간이 금이고 여유롭게 가다가는 성과를 내기는커녕, 팀이 해체될 수도 있다고 주장한다. 하지만 우리는 리더의 본질적 의미를 다시 떠올려봐야 한다. 구성원들이 조직의 목표를 달성하기 위해 그들을 올바른 방향으로 안내하고 가르치는 사람이 리더이다. 아이들을 교육할 때 다그치거나 재촉한다면 금세 지치거나 흥미를 상실해 버리는 것처럼 직원들이 자신을 스스로 돌아볼 시간도 없이 그들을 강하게 몰아붙이면 활력의 에너지는 사라지고, 맡겨진 일에 대한 의욕을 버린다. 따라서 리더는 직원들이 업무를 진행하는 과정에 있어서 중간에 임무를 포기하는 일이 발생하지 않도록 기다림의 미학을 발휘함과 동시에, 해당 직원에게 업무적 도움을 주어야 한다. 그러나 이때 주의해야 할 점은 직원들의 자율성과 주도성을 빼앗지 않는 선에서 이루어져야 한다. 또한 작은 성취감을 얻는 것이 또 다른 동기부여가 될 수 있으므로 지속적인 동기발현상태로 나아가도록 유도해야 한다. 이러한 과정에서 리더에게 반드시 요구되는 것이 기다림이며, 이 기다림은 직원들이 동기부여에서 동기발현상태를 유지하도록 한다.

아무것도 하지 않으면, 아무 일도 일어나지 않는 현실

직원들의 성장과 조직의 역동을 위해 리더의 육성에서 빠질 수 없는 요소는 동기부여다. 비록 지금 당장 직원들의 동기발현상태가 기대한 만큼 나타나지 않더라도 포기하지 말자. 구성원들을 위한 동기부여의 노력은 구성원들의 무의식 속에 고스란히 저장되고 기억될 것이다.

조직 내에서 성과를 달성하는 것은 매우 중요한 일이다. 하지만 외재적 보상뿐만 아니라 내재적 보상도 중요하다. 직원의 성숙과 과정의 가치를 중요시하는 것은 조직의 장기적인 성장과 발전에 큰 영향을 미치기 때문이다. 그래서 우리는 직원들에게 단순한 결과물에 대한 보상을 넘어 내재적 보상을 제공하여 직원들의 성숙과 과정의 가치를 중요시하고 동기부여를 제공해야 한다. 분명한 것은 아무것도 하지 않으면, 아무 일도 일어나지 않는다. 직원들이 움직이게 하려면 리더가 먼저 움직여야 한다.

활력 에너지 상승 시점

1. 자신이 잘 수행할 수 있는 일을 맡게 될 때.
2. 구성원들이 성취감을 얻었을 때.
3. 리더가 구성원들이 성취를 얻도록 기다려줄 때.

---

8. 매뉴얼은 인재 육성의 작은 백과사전

기초체력을 튼튼하게 만드는 업무 매뉴얼

『인재 육성 이론』의 저자 우치야마 쓰토무는 "기초체력을 가진 기업(경기를 타지 않고 안정된 실적을 올리는 기업)일수록 매뉴얼을 인재 육성의 베이스로 삼고 있다"라고 말했다. 그는 업무 매뉴얼이 초보자가 일을 처리하는 방법을 체계적으로 이해하고 싶을 때나, 특정한 일에 대해 처리 방법을 모를 때, 혹은 일에 대한 개선점을 발견하려고 할 때 등과 같이 다양한 국면에서 활용될 수 있다고 강조한다. 그는 조직 내에서 업무 매뉴얼을 만들어야 하는 목적으로 네 가지를 꼽는데, 첫 번째 구성원들이 자신의 몫을 다할 수 있는 속도를 높이기 위함이라고 주장한다. 매뉴얼은 구성원들에게 필요로 하는 적합한 지식을 제공해 줄 수 있으며 검증된 매뉴얼을 통해 불필요한 시간 낭비를 제거해 준다. 방법을 몰라 우왕좌왕 하지 않고 맡은 업무를 제대로 처리할 수 있도록 도울 뿐 아니라, 색다른 영감을 주기도 한다.

두 번째는 조직 내 교육비용을 절감하기 위해서라고 말한다. 물론 매뉴얼 제작 및 유지 · 관리 비용이 들지만 같은 교육을 여러 번 진행해야 하는 상황보다는 만드는 편이 결과적으로 비용을 절감할 수 있다고 한다. 세 번째는 업무 작업의 표준화를 위해서이다. 작업의 표준화는 일의 확실성과 신뢰성을 확보할 수 있다. 이로 인해 구성원 간의 정확한 정보 전달을 가능하게 하며 효과성과 효율성을 높일 수 있다. 마지막 네 번째는 과정의 체계화를 통한 개선점 발견이다. 매뉴얼을 통해 일에 대한 과정의 체계화가 가능해지면, 그 과정에서 발생하는 개선점을 찾아낼 수 있다. 또한 일의 중복 및 오류를 막을 수 있을 뿐만 아니라 업무 불균형에 대해서도 파악할 수 있다.

이처럼 조직의 리더가 일을 처리하는 방법을 매뉴얼로 정리하고, 정리된 매뉴얼을 토대로 선배의 지도를 받도록 체계화시키는 과정이 구성원들의 기초체력을 튼튼하게 만들고 조직과 한 방향으로 갈 수 있도록 지탱해주는 사다리와 같은 것이다. 그렇다면 당신의 팀은 제대로 된 업무 매뉴얼이 있는가? 아니면 매뉴얼을 제작할 타이밍을 놓쳐 조직의 성장도 저해 받고 있는가?

매뉴얼 제작 목적과 기대효과

매뉴얼 제작 목적	기대 효과
개인의 몫을 다할 수 있는 속도 높이기	- 적합한 지식 제공 - 불필요한 시간 낭비 제거 - 색다른 영감
조직 내 교육비용 절감	- 반복 교육에 의한 지출 절약
업무 작업의 표준화	- 일에 대한 확실성과 신뢰성 확보 - 구성원 간 정확한 정보 전달 - 일의 효과성 및 효율성
체계화를 통한 개선점 발견	- 일의 중복 및 오류 개선 - 업무 불균형 파악 가능

레스토랑의 메뉴 안내서처럼

우선 업무 매뉴얼의 기본은 실질적이어야 한다. 보기 좋은 떡이 아닌, 먹기 좋은 떡이어야 한다. 또한 즉각적이지 못하고 제한적이라면 있으나 마나 한 매뉴얼로 남게 된다. 이런 매뉴얼은 먼지만 잔뜩 쌓일 뿐이다. 조직에서 다른 그 무엇보다 매우 효과적인 업무 매뉴얼이 있다면 바로 리더의 직접적인 노하우 경험이 녹여져 있는 매뉴얼일 것이다. 이는 실질적인 것으로, 조직의 전반적 프로세스를 익힐 수 있는 직원들의 백과사전이 된다. 백과사전 역할이 되는 업무 매뉴얼은 직원 육성에서 긍정적인 영향을 준다. 시간 낭비와 에너지 낭비를 줄이고 실패의 횟수를 줄여 줄 뿐만 아니라, 높은 사다리에 올라타기 위한 성능 좋은 발판이 되어 준다.

또한 업무 매뉴얼은 데이터베이스 구조가 복잡해서는 안 된다. 말 그대로 매뉴얼은 레스토랑의 메뉴 안내서와 같이 쉽고 간편해야 한다. 코스 메뉴, 단품 메뉴, 사이드 메뉴, 음료 메뉴를 떠올리면 좋다. 이런 식의 레스토랑 메뉴를 응용해 리더의 업무 매뉴얼을 만들어 본다면 이와 같을 것이다. 〈A 프로젝트 성공 노하우〉, 〈B 분야 영업 스킬 노하우〉, 〈불만고객 관리 노하우〉, 〈자기계발 노하우〉 등과 같다. 당신이 팀원이라면 판도라의 상자처럼 열어 보고 싶은 충동이 느껴지지 않겠는가. 그리고 이 매뉴얼은 직원들이 언제라도 볼 수 있도록 상시 개방한다.

레스토랑 메뉴와 같은 업무 매뉴얼 작성법

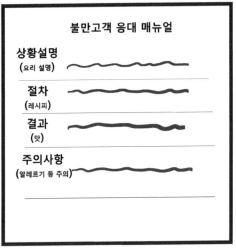

불만고객 응대 매뉴얼

상황설명
(요리 설명)

절차
(레시피)

결과
(맛)

주의사항
(알레르기 등 주의)

(이미지:필자)

그림 3-업무 매뉴얼 예시

매뉴얼

▶ 리더의 노하우가 담긴 업무 매뉴얼은 조직의 목표 달성을 돕는 작은 백과사전.

▶ 업무 매뉴얼은 레스토랑 메뉴를 응용해, 코스 메뉴, 단품 메뉴, 사이드 메뉴, 음료 메뉴와 같이 보기 쉽게 만들자.

돈으로 살 수 없는 당신의 노하우가 아깝지 않도록

조직의 수많은 리더는 오랜 기간의 소중한 경험과 도전을 통해 얻은 지식체계와 노하우를 중요하게 여기게 된다. 이런 노하우는 돈으로 살 수 없는 것이며 이를 타인과 나누는 것은 자신의 무기를 공유하는 것과 같다고 생각한다. 그러한 고난과 역경의 과정이 값지기 때문에 누구도 억지로 리더의 노하우를 내놓으라고 강요할 수는 없다. 그러나 리더의 본질적 의미인 파이다고고스를 고려한다면 구성원들의 육성과 성장을 위해 꼭 필요한 것이 리더의 노하우를 기반으로 제작된 업무 매뉴얼이다. 이를 통해 지식을 전달함으로써 가르치는 역할을 충분히 수행할 것이다. 이렇게 만들어진 리더의 업무 매뉴얼은 조직에 남길 수 있는 리더의 예술작품 중 하나가 된다.

온고지신의 말처럼 '옛것을 익히고 그것을 토대로 새로운 것을 배우는 것'은 인간 자체로서 내공을 쌓아가는 과정이다. 리더의 능력이 깊어질수록 그는 진정한 본보기가 되어 많은 직원에게 본받기의 역할을 제대로 수행할 수 있도록 만든다. 옛 지식은 나의 기본 무기로, 이를 기반으로 새로운 무기를 개발하는 리더는 미

래를 이끄는 선도적인 모델이자 다른 누구도 대체할 수 없는 실력

있는 인재임이 분명하다.

9. 리더의 능력향상을 위한 4기능 발명하기

셀프 리더십을 향한 당신의 감각자극 일깨움

리더는 조직의 비전을 달성하기 위해 구성원들을 교육하고 이끄는 사람이다. 이때 이끄는 대상은 리더 자신도 포함한다. 셀프 리더십의 핵심이 역량을 현실화시키는 것에 있다면 리더가 자신을 스스로 이끄는 과정에서 중요한 본질은 본인이 가지고 있는 역량을 발굴해 현실로 나타내는 것이다.

아리스토텔레스는 인간의 잠재태(역량)가 현실태(능력)가 되기 위해서는 운동 즉 능동성이 필수라고 강조했다. 예를 들어 사과나무의 씨가 잠재태라면, 이 씨가 능동적으로 생산해 낸 현실태가 바로 사과 열매다. 이 과정에서 씨는 뿌리를 통해 좋은 영양분을 자연으로부터 충분히 얻은 후 다시 나무줄기로 영양분을 전달해 건강한 열매를 맺도록 하는데, 이때 운동이 나타난다.

아리스토텔레스의 잠재태와 현실태의 문제에 관심을 보였던 질 들뢰즈는 그 중간에 감각자극이 있어야 한다고 주장했다. 감각자극을 다른 말로 바꾸면 '오감자극'이다. 미각, 촉각, 시각, 후각, 청각의 5가지 오감을 통한 재료들은 창의력으로 새로운 것을 발견할 수 있는 데이터들이며, 창조의 재료들이다. 이 재료들을 가지고 현실에서 자신만의 역량이 드러난 고유한 결과물을 탄생시켜야 한다. 여기서 감각자극은 자극과 반응이 동시에 일어나야 한다는 것이 중요한데, 예를 들어 미각적 자극을 위해 맛집을 찾아다니는 요리사가 있어 그저 음식의 맛만 보고 감탄만 하면 이 요리사는 자극차원에서만 머물게 된 수동적인 인간이다. 반면에 이 요리사가 자신이 맛본 요리들을 이리저리 연구해보고 여러 시도를 통해 특별한 요리로 재탄생시킨 결과물이 있다면 능동적 반응이 일어난 경우다. 하지만 이러한 과정들은 지난하며 끊임없는 노력과 갈고닦음의 시간이 필요하다. 그중 자신만의 고유기능을 알고, 그 기능에 대한 적합한 훈련과 발전이 가능해야 역량이 현실성으로 연결된다.

> ## 아리스토텔레스의 잠재태와 현실태(잠재력의 현실화)
>
> ▶ 개개인의 역량이 현실로 드러나기 위해서는 감각자극의 운동이 필요한데, 이는 오감(미각, 촉각, 시각, 후각, 청각)을 비롯한 다양한 자극을 말함.
> ▶ 오감을 통한 재료들은 창의력과 발견을 자극하는 데이터.
> ▶ 창조의 재료로 활용하여 고유한 결과물을 탄생시킬 수 있음.
> ▶ 요리사가 맛집만 찾아다니는 것이 아닌, 자신만의 요리로 재탄생시키는 과정이 운동성이 일어난 능동적 과정임. 수동적인 인간이 되지 않고, 능동적으로 자극에 반응해야 함.
> ▶ 고유한 기능을 알고, 그 기능에 대한 훈련과 발전이 필요. 이를 위해 끊임없는 노력과 갈고닦음의 시간이 필요함.

자신을 경영하기 위한 내면의 소리

프랑스 철학자 미셸 푸코는 인간이 능동적이고 자유로운 존재가 되려면 주체성이 필수적이라고 강조했다. 그는 자신의 저서, 『주체의 해석학』에서 주체성을 "자기를 스스로 구축하고, 설립하기 위해 자기 자신과 관계를 맺는 방식"이라고 정의했으며, 그 구체적인 과정이 "자기인식과 자기배려"라고 했다. 푸코에 의하면 자기인식과 자기배려란 '자신을 관리하고 경영하며, 진정으로 원하는 것을 알기 위해 자기 자신과 관계를 맺고 그 결과로 자기 내면의 소리를 듣는 것'이다. 이 과정을 통해 진짜 나를 발견하게 된다. 사회가 원하는 나, 부모가 원하는 나 등 타자의 요구대로 주어진 모습으로 살아가는 내가 아닌, 자신의 한계를 알고 자신의 고유기능을 포착해 윤리적인 삶을 살아가는 것이다. 여기서 말하는 윤리적인 삶은 지행합일을 말한다. 이 의미를 쉽게 이해하기 위해 다시 요리사의 이야기로 돌아가 보자.

요리사가 맛집을 돌아다니며 감각만 하고 끝나버렸으면 이는 지행합일이 아니다. 이리저리 연구해본 후 자신만의 창의성을 통해 새로운 음식을 만들어 낸 모습이 지행합일이며 윤리적 삶이다. 만약 요리사가 지행합일이 없는 사람 즉 자기인식과 자기배려가 없는 요리사였다면 자신만의 새로운 요리를 탄생시키지 못하고 계속해서 누군가가 만들어 놓은 레시피만 따라가기 바빴을 것이다.

푸코의 〈주체성 이론〉

▶ 주체성의 정의: 자기를 스스로 구축하고, 설립하기 위해 자기 자신과 관계를 맺는 방식.

▶ 주체성의 구체적인 과정: 자기인식과 자기배려.

▶ 자기인식과 자기배려의 의미: 자신을 관리하고 경영하며, 진정으로 원하는 것을 알기 위해 자기 자신과 관계를 맺고 그 결과로 자기 내면의 소리를 듣는 것.

▶ 주체성을 통해 자기 정체성을 발견하게 됨.

▶ 윤리적인 삶: 자신의 한계를 알고 자신의 고유기능을 포착해 살아가는 것.

▶ 타자의 요구대로 살아가는 것이 아닌, 자신의 원하는 방식으로 살아가는 것.

▶ 아는 것과 실천하는 것의 지행합일이 자기인식과 자기배려.

결국 푸코가 강조하는 주체적인 삶은 자기 자신과의 관계를 맺을 수 있는 존재가 되어, 타자가 원하는 모습이 아닌 자신만의 고유기능을 알고 자신만이 만들어낼 수 있는 새로움을 생산해 내는 삶이다. 푸코는 나아가 자기 자신과 관계 맺는 방식으로 경청, 독서, 글쓰기, 자기 통제, 의식 점검 등을 소개했으며 이를 실존의 기술이라고 말한다. 푸코가 말하는 주체적 삶의 모든 과정을 현대 용어로 표현하면 셀프 리더십이 된다.

아리스토텔레스의 잠재태와 현실태를 푸코의 주체성 개념과 연결하면, '인간의 잠재력을 실현하기 위해서는, 주체성이 꼭 필요하다'라는 결론을 도출할 수 있다. 인간은 자신 스스로를 이끄는 주체적인 존재로서, 능동적이고 자유로운 삶을 살아가며 자기를 실현한다.

감각, 직관, 감정, 사고기능

심리학자 칼 구스타프 융은 『심리유형』에서 "자기실현을 현실화시킬 수 있는 기능으로 감각, 직관, 감정, 사고의 4가지 기능"을 소개한다. 인간은 다양한 기능이 있지만 그중에서도 감각, 직관, 감정, 사고의 기능은 매우 중요하다고 할 수 있다. 이러한 기능을 제대로 활용하지 못하면 삶에서 여러 문제가 발생할 수 있다. 예를 들어 감각기능이 충분히 발휘되지 않으면 자신의 몸 상태에 대한 인식이 떨어져 건강상의 문제를 놓칠 수 있고 오감과 관련한 데이터들의 부족은 현실적인 감각을 떨어뜨리고 상상력에 대한 부재를 낳는다.

직관기능이 부족하면, 가치 판단이나 선택에 있어서 어려움이 있을 수 있다. 현실적인 부분만 강조하고 경계선 밖의 이념을 차단하기 때문에 인간성을 비켜 갈 수 있다.

감정기능이 제대로 조절되지 않으면 상대방과의 갈등이나 대인관계의 문제가 생길 수가 있으며 타인과의 역지사지에 대한 마음 해석이 어렵다.

분석적인 사고기능이 떨어지면 문제 해결 능력이나 논리적인 판단과 객관적인 정보수집을 통한 공정한 판단이 어렵다. 이는 단체생활이나 조직 생활에서 매우 중요한 기능으로 여겨지며, 이 기능이 결핍되면 공과 사에 대한 구분이 모호해지고, 도덕성이 결여된다.

융이 강조한 인간의 고유기능 4가지는 인간 모두가 발휘할 수 있는 능력이지만 능동적으로 인지하지 않고 훈련하지 않는다면 평생 동안 동굴 속에 갇힌 채 묻힐 수 있는 기능들이 되기도 한다.

이제 주체성을 향한 삶을 위해 융의 4가지 기능들을 훈련할 수 있는 간단한 방법을 살펴보자.

사계절 변화 감각을 통한 상상력 (감각기능)

우선 감각기능은 앞서 강조한 오감자극과 연관하여 생각할 때 중요한 역할을 한다. 최근 가상현실과 관련한 기술이나 가상현실 게임들은 인간의 오감자극을 둔감하게 만드는 원인이 된다. SNS도 가상의 공간에서 이루어지는 상호작용이다. 가상환경에서의 대화는 거름망이 부재하고 제한적인 환경에서 이루어지기 때문에 대면 대화보다 상호작용을 이해하기가 매우 어렵다. 이러한 이유로 가상 대화에서 상대방의 마음을 파악하기 위해서는 몇 배의 노력이 필요하다. 가상 대화에서는 표정이나 몸짓의 변화를 알 수 없고, 의도한 대로 전달되지 않는 경우도 많다. 그러므로 우리는 가상현실보다는 자연을 직접 보고 느끼며 체험하고 경험하는 시간을 더욱 늘려야 한다. 인간의 생로병사와도 밀접한 관련이 있는 자연의 이치를 깨닫고, 이를 몸으로 직접 감각함으로써 기능을 회복해야 한다. 또한 우리나라는 아직은 사계절이 뚜렷한 나라로서 이를 관찰하며 자연의 소중함을 느끼는 노력은 상상력과 창의력을 키워 창조의 원동력으로 이어질 수 있다. 그래서 우리는 가상현실에 빠져 있는 시간보다는 자연을 감각하는 시간을 더욱 소중히 여겨야 한다. 봄, 여름, 가을, 겨울의 변화를 보며 자연의 이치를 깨닫는 노력들은 상상력과 창의력을 키우는 훈련과, 현실성의 민첩함과 명민함을 향상하도록 돕는다.

생각과 사유를 통한 인간성 (직관기능)

직관기능은 오감자극을 바탕으로 보이지 않는 그 너머까지도 보려고 노력하는 자세다. 보통 통찰하거나 꿰뚫어 볼 수 있는 능력으로 통찰력과 관련 있다. 직관기능을 갖추기 위해서는 인문학 공부가 무엇보다 중요하다. 문학, 역사, 철학, 예술 및 음악 등에 관한 공부를 소홀히 해서는 안 된다. 인문학은 우리에게 인간성을 갖추도록 한다. 그러므로 이러한 인문학적 지식을 기반으로, 삶과 인생을 고민하는 태도는 직관기능을 키우는 데 중요한 역할을 할 뿐 아니라 인간성을 향상시킨다. 직관기능을 향상하기 위한 훈련과정은 조용한 환경에서 느리고 단순한 삶, 즉 슬로우 라이프(slow life)를 실천하는 것이다. 깊게 숨을 들이마시고 주변 사물들에 집중하며, 그에 관한 생각과 사유를 하는 것이다. 이런 시간을 통해 주변을 되돌아보고 인생의 아름다움이 무엇인지를 깨닫는다. 그렇게 함으로써 흐트러진 마음가짐을 하나로 모으며 인생의 올바름을 찾을 수 있다. 직관기능의 핵심은 더욱 의미 있는 삶을 살게 돕고 인간성을 회복하는 능력에 있다고 할 수 있다.

감정의 인식과 조절 (감정기능)

감정기능에서의 핵심은 현재 경험하는 감정을 정확하게 인식한 후, 적절하게 대응하거나 자신의 감정을 조절하는 것이다. 감정기능을 향상시키기 위한 훈련 중 중요한 점은 자신이나 타인의 표정, 행동, 언어 등에서 드러나거나 혹은 드러나지 않는 감정들에 대한 인식 능력을 선행하는 것이다. 그런 다음 감정의 종류를 분별하고 상황에 적절한 대처나 적절한 감정 조절이 필요하다. 하지만 그렇다고 해서 감정을 무조건 통제하거나 억압하면 위험하다. 감정이 통제되고 억압되면 언젠가 어디에서나, 여러 형태로 폭발할 수 있다. 따라서 자신의 감정을 인식하고 조절하는 능력이 중요하다. 자신의 감정을 올바르게 이해하고 대응할 수 있어야 타인의 감정에도 적절히 대처할 수 있다. 감정 표현은 인간관계에서 중요한 요소다. 그러나 감정을 지나치게 표출하면 상황을 악화시킬 수도 있다. 그래서 자신의 감정을 솔직하게 전달하되, 전달할 때는 적절한 언어와 행동으로 표현해야 한다. 자신의 감정을 파악하여 더욱 이성적이고 객관적으로 감정을 전달할 수 있어야 한다.

감정이 요동치거나 분노가 치밀어 올 때는 복식호흡을 시도하는 것도 효과적이다. 또한 중요한 결정이나 판단을 해야 하는 경우에는 적어도 1시간 이상의 시간차를 두고 결정하는 것이 합리적인 판단에 도움이 된다. 이를 통해 감정을 조절하고, 상황을 더욱 좋게 해결할 수 있다. 감정기능은 인식과 조절, 그리고 적합한 절제를 통한 이성적 표현의 노력을 필요로 한다.

감정기능이 충분한 리더는 희생과 봉사 정신을 중요하게 생각하는 경향이 있다. 이들은 타인의 감정에 깊이 이입하며, 상대방의 처지를 바꿔 생각해보는 노력을 기울인다. 이런 행동은 리더십의 중요한 요소로서 조직 내에서 좋은 인간관계와 긍정적 분위기를 조성하는 데 큰 역할을 한다.

새로운 지식과 데이터의 근거 (사고기능)

마지막 사고기능은 논리적이고 원칙을 지켜 사리 분별이 가능하도록 돕는 기능이다. 이 기능은 도덕적이며 올바른 판단과 결정을 내리는 능력을 가지고 있다. 이는 개인적인 가치관이나 주관적인 요소를 배제하고, 객관적인 기준으로 판단을 하게 된다. 그래서 사고기능이 결핍된 리더는 개념 없는 사람이 되거나 무절제한 사람이라는 평판을 받기도 한다. 사고기능을 향상하기 위해서는 한쪽으로 편향되지 않도록 다중의 의견을 듣거나 적합한 데이터들을 분석해 객관적인 시선으로 상황을 보려는 노력이 있어야 한다. 이때 접한 데이터들이 새로운 지식인가에 대한 유·무보다는, 검증된 곳에서의 출처나 정보인지를 확인해야 한다. 또한 보편적이고 타당한 데이터인지를 먼저 따져봐야 한다. 그렇지 않으면 사이비 정보에 빠질 수 있거나 잘못된 데이터를 근거로 올바르지 못한 판단과 결정을 내릴 수 있다는 점을 명심해야 한다.

발견을 넘어 발명으로

융의 강조한 인간의 4기능인 감각, 직관, 감정, 사고는 푸코가 소개한 실존의 기술과도 맥락을 같이하며, 이는 단순히 발견하는 것 이상으로 발명되어야 한다. 발견과 발명은 둘 다 지식의 확장이지만 발명은 지식의 확장을 넘어 기능들을 훈련하고 자신의 역량에 걸맞게 새롭게 창조하는 것이다. 4기능의 주체적 발명을 통해 자신의 역량을 현실로 이끌고, 그 역량을 더욱더 확대할 수 있다. 이런 노력을 하는 리더만이 조직에 대한 조감도를 가질 수 있으며, 구성원들을 올바르게 이끌고 자기 자신도 성장시킨다. 이렇게 함으로써 우리는 더 나은 인간으로 성장할 수 있다.

융의 4가지 기능

▶ I. 감각 기능 – 사계절의 변화를 관찰하며 자연의 소중함을 느끼는 노력은 상상력과 창의력을 키워 창조의 원동력으로 이어질 수 있음.

▶ II. 직관기능 – 주변을 되돌아보고 인생의 아름다움을 깨닫는 노력을 통해 키우게 됨.

▶ III. 감정기능 – 자신이나 타인의 감정에 대한 인식 능력 키우기. 감정의 종류를 분별하고 상황에 적절한 대처나 적절한 감정 조절이 필요함. 감정을 지나치게 표출하지 않고 적절한 언어와 행동으로 표현하는 것이 중요함.

▶ IV. 사고기능 – 다중의 의견을 듣거나 적합한 데이터들을 분석해 객관적인 시선으로 상황을 보는 노력 필요함. 검증된 정보인지 확인하고 보편적이고 타당한 데이터인지를 따져봐야 함.

▶ 융의 4가지 기능은 발견하는 것 이상으로 발명되어야 함.

▶ 4기능의 주체적 발명을 통해 자신의 역량을 현실로 이끌고, 그 역량을 더욱더 확대할 수 있음.

▶ 이를 통해 우리는 더 나은 인간으로 성장할 수 있음.

배움터가 부재한 조직의 결말

필자는 지금까지 조직이 배움터로서의 역할을 올바르게 수행할 수 있는 핵심 요소들을 소개했다. 하지만 배움터가 부재한 조직은 더는 움직이지 않는 배와 같다. 목표한 육지로 안전하게 도착할 수 있는 방법을 선원들에게 가르쳐주지 않았을뿐더러, 그 배의 선장 조차도 제대로 알지 못했기 때문이다. 곧 그 배는 방향을 잃고 망망대해에서 이러지도 못하고 저러지도 못한 채 떠돌게 될 뿐이다. 그러므로 조직에서의 배움터 역할은 조직 전체를 안전한 육지에 무사히 도달하는 데에 있다는 것을 잊지 말아야 한다.

3장을 마치며

– '에우다이모니아를 향한 삶이 좋음이다'

행복에 대한 착각

아리스토텔레스는, 『니코마코스 윤리학』에서 "인간의 최고 목적지는 에우다이모니아(εὐδαιμονία)"라고 주장했다. 당시의 에우다이모니아는 우리가 흔히 알고 있는 행복의 개념과 유사하다고 볼 수 있다. 그러나 이는 일시적인 쾌락이나 성공, 욕망 충족이 아니라 가치 있는 삶을 살고 인류에 이바지하는 삶을 의미한다. 이를 통해 우리는 행복에 대한 진정한 의미를 찾을 수 있으며, 이러한 행복이 우리 인생의 목표가 되어야 한다는 것을 깨닫게 된다. 결국 단기적인 행복이 아닌 장기적인 행복을 강조하고 있다. 그리고 진정한 행복이 무엇인지를 고민하면서, 그 고민을 통해 행복에 대한 깊은 이해를 얻을 수 있다.

최고의 선, 인생의 좋음

에우다이모니아라는 올바른 목적을 이루기 위해서는 우리가 살아가는데 충분한 지식과 훈련이 필요하다. 그 이유는 아리스토텔레스가 말한 에우다이모니아가 "자신의 역량을 현실로 표현하며 중용의 삶을 살아가는 것"인데, 그 역량을 발휘하기 위해서는 꾸준한 노력과 훈련이 필요하기 때문이다. 결국 자신의 고유기능을 실현하는 동시에 사회에 부끄럽지 않은 삶을 사는 것이 곧 인륜에 부합하며 사는 삶이다. 아리스토텔레스는 이를 "본질적인 올바름"으로 정의하고 이를 통틀어 "최고의 선, 인생의 좋음"이라고 표현했다. 따라서 아리스토텔레스가 강조한 행복은 단순히 쾌락적 삶이 아닌, 자신의 잠재력을 현실에 표현해 세상에 기여하며 사는 삶이다. 그러나 현대의 삶은 미래가 참으로 암담하다. 소확행(소소하지만 확실한 행복)에만 치우친 삶이 그 대표적 현상이라고 보이며, 이는 현대인의 불행한 자화상임에 틀림없다.

아리스토텔레스의 에우다이모니아 개념

▶ 최고 목적지는 에우다이모니아라고 주장.

▶ 일시적인 쾌락이나 성공, 욕망 충족이 아닌 가치 있는 삶을 의미.

▶ 단기적인 행복이 아닌 장기적인 행복을 강조.

▶ 에우다이모이나를 위해서 자신의 잠재력을 현실에 표현하며 세상에 기여하며 사는 삶이 중요.

▶ 에우다이모니아를 이루기 위해 필요한 것

▶ A. 충분한 지식과 훈련이 필요.

▶ B. 개개인의 중용의 삶을 통한 인류에 부합된 삶이 중요.

▶ C. 자신의 역량을 현실로 표현하며 세상에 기여하며 사는 삶이 본질적인 올바름.

▶ 에우다이모니아는 '최고의 선'이며, 인생의 좋음을 실현하면서 사는 삶.

현대인의 불행한 자화상 소.확.행

　우리는 아리스토텔레스가 말한 행복, 즉 개개인의 역량을 현실로 표현하며 사는 좋음의 삶을 매몰차게 비켜 간다. 불확실한 미래에 살아가는 우리는 좋음의 삶을 불가능한 이상적 삶으로 낙인찍어 버렸다. 그 영향으로 작은 만족감이라도 얻으려는 듯 무의식적으로 몸부림치는 것이 다름 아닌 소확행이다. 그러나 많은 학자들이 주장했듯이, 궁극적인 좋음이 없는 삶은 가치 있는 삶을 살아간다는 인식을 가질 수 없게 만들며, 자신의 존재감을 희석시키는 주요 요인이다. 우리는 미래의 불확실성으로 인해 소확행만이 행복인 듯 만족한 삶이 아닌 진짜 행복한, 즉 에우다이모니아 삶을 살아갈 수 있도록 모든 사회가 노력해야 한다. 특히 인생의 삶터에서 가장 활력이 넘치는 우리들의 일터가 진짜 행복을 실현할 수 있는 곳이어야 한다. 구성원들의 진정한 행복이 실현될 때, 조직은 영원히 지속 가능할 것이다.

✓
배움터
Check Point!

리더란 자신보다 경험이 적어 배움을 필요로 하는 대상을 교육하고 가르쳐,

목표와 비전을 향해 성장하도록 안내하는 사람이다.

조직의 창조적 생성은 새로운 것을 만들어내는 것이 아니라,

이미 있는 것들의 새로운 배치를 통해 가능하다.

리더의 적합한 업무 배치가 도화선의 불씨가 된다.

직원의 육성을 생략하면 녹슨 도끼만 손에 쥐여주고,

단단한 나무를 베라고 지시하는 것과 같다.

'동기발현상태'는 적절한 자극을 통해 숨겨져 있던 잠재력이 외부로 드러나

현실로 나타난 상태를 의미한다.

자율성 부여, 자기 주도성 및 성장 기회, 맡은 업무에 대한 가치 부여가

내재적 보상을 높이는 데에 중요한 역할을 한다.

인간은 누구나 자신이 선택한 조직 안에서 배우며 성장하고 싶어 한다.

실패를 겪은 후에 얻은 크고 작은 성취감들은
일에 대해 도전할 수 있는 용기와 강한 동기부여를 제공한다.

아무것도 하지 않으면, 아무 일도 일어나지 않는다.
직원들이 움직이게 하려면 리더가 먼저 움직여야 한다.

기초체력을 가진 기업(경기를 타지 않고 안정된 실적을 올리는 기업)일수록
매뉴얼을 인재 육성의 베이스로 삼고 있다.

자신만의 고유기능을 알고, 그 기능에 대한 적합한 훈련과 발전이 가능해야
역량이 현실성으로 연결된다.

자신을 관리하고 경영하며, 진정으로 원하는 것을 알기 위해
자기 내면의 소리를 듣는 과정이 자기배려다.

인생은 짧고 예술은 길다

결론적으로 이 책은, 조직의 지속 가능성을 위한 백과사전의 역할을 자처했다. 또한 책의 전반적인 내용을 읽어보면 결국 우리가 조직에서 '좋음'을 실현하는 것을 목적으로 삼고 있다는 것을 눈치챘을 것이다.

조직 내의 좋음은 개인의 삶에서 나타나야 한다. 개인의 좋음을 실천하지 못하는 삶은 억압된 삶이며 통제된 삶이기 때문이다. 조직에서 개인의 좋음을 만들어 낼 수 있는 삶, 그것이 일상의 예술화이며 그런 삶이 가능하도록 돕는 조직만이 오래도록 지속 가능할 것이다.

히포크라테스가 말한 "인생은 짧고 예술은 길다"라는 말은 지금 이 시대에도 그 의미가 퇴색되지 않았다. 우리는 이 세상에서 다양한 경험을 하고 그 경험을 예술로 표현한다. 이러한 예술은 우리가 남기는 유산 중 하나이다. 우리는 가죽을 남기는 동물과 달리 이름을 남길 수 있다. 현재 우리는 업무와 삶을 통해 문화예술을 후대에 전하고 인간성을 회복할 수 있도록 노력해야 한다. 이 일상의 예술화를 통해 우리는 자신과 타인 사이의 연결고리를 찾고 더 나은 세상을 만들어가는데 기여할 수 있다. 그래서 그것으로 정서와 생각을 자유롭게 표현하며, 더 나은 세계의 모습을 상상하고 실현할 수 있어야 한다. 이는 우리 선조들이 살아온 방식과도 일맥상통한다.

이제 우리는 에우다이모니아를 향해 나아가야 한다. 또한 삶의 터전이 되는 모임터, 놀이터, 배움터를 가능하게 만드는 일터를 추구해야 한다. 이러한 노력이 우리의 삶에 의미를 부여하고 후대에 전해줄 수 있는 유산을 만들어낼 것이다. 그리고 이제 각자의 영역에 수식어를 달아보자. 진짜 행복한 삶터, 진짜 행복한 모임터, 진짜 행복한 놀이터, 진짜 행복한 배움터, 그리고 여기서 만족하지 말고 더 확장해보자. 'Real Happy Workplace, Real Happy Home, Real Happy…….' 이것이 'Real Happy' 즉 '진짜 행복한' 모습이다.

에필로그

독일 출신 미국의 정치철학자인 한나 아렌트(1906-1975)는 『인간의 조건』에서 인간의 노동이 단순한 생계 수단으로만 끝나지 않으려면 "아고라에 모여 행동해야 한다"고 강조한다. 여기서 말하는 아고라란 그리스어로 시장을 의미하며, 오늘날의 광장과 같은 역할을 한다. 즉 상품 판매와 공적인 토론이 이루어지는 자유로운 소통의 장소를 뜻한다.

고대 그리스 아테네에서는 시민들이 자유, 평등 그리고 공정함을 목적으로 한 정치적 행위를 위해 아고라에 모였다. 이러한 행위는 실천적인 심사숙고의 과정을 거쳐 많은 시민들의 적극적인 참여로 이루어졌다. 아고라는 연대와 협업이 가능하며 노동자들의 창의성을 자유롭게 드러낼 수 있는 공간이었다. 이런 행위에

힘입어 아테네에서는 예술과 문화가 크게 융성했으며 시민들은 인간다움을 유지할 수 있었다. 이렇듯 아테네의 아고라는 자유 기반 도시 시스템을 정착해 시민들의 더 나은 삶을 확립하고 모색하는 중요한 장소였다.

21세기 현대 조직은 어떤 모습인가? 고대 아고라와 같은 자유로운 소통의 공간을 제공하여 직원 개개인의 역량을 최대한 발휘할 수 있도록 노력하고 있을까? 이제 우리는 분명하게 알아야 한다. 현재 일하고 있는 직원들이 조직의 발전과 성장을 이뤄냈으며, 그들의 노력과 헌신이 없었다면 조직도 존재할 수 없었다는 사실을 말이다.

조직과 마찬가지로 국가가 국민을 단순한 생산성과 시장가치의 도구로만 바라본다면 국민들은 진정한 성장과 꿈을 이룰 수 없다. 활력을 상실한 사람들은 노동의 의욕을 잃어버리고, 불안정한 행동을 보이게 된다. 이러한 탈진 상태가 계속되면 업무를 정확하게 수행할 수 없을 뿐만 아니라, 노동자들이 계속해서 실수를 하게 되면 조직과 국가에 치명적인 결함을 야기할 것이다. 이와 같은 부정적인 악순환 구조는 결국 국가와 조직을 폐쇄된 사회로 전락시키며, 전반적인 사회 시스템에 불안정을 초래하여 틀림없이 성장을 막을 것이다.

　세계는 대한민국의 기업을 오랜 시간 주목해 왔다. 우리 기업은 세계의 우수기업들과 치열한 경쟁 속에서 성장하고 있다. 이러한 시점에서 직원들이 상상력과 창의성을 자유롭게 발휘하는 것이 우리의 유일한 출구라고 할 수 있다. 그러나 창의성을 발휘하여 새로움을 창조한다는 것은 자연스럽게 이루어지지 않는다. 그것은 자유 기반 시스템인 아고라와 같은 연대의 장소가 필요하며, 그곳에서 조직 구성원들이 자유와 평등을 위한 행위를 할 수 있도록 지원되어야 가능하다. 따라서 현대의 모든 조직들은 아고라의 역할을 갖추어야 한다. 그렇게 될 때 조직은 자유에 기반한 시스템을 구축하게 되며, 구성원들의 자발적인 행동이 새로운 창조물을 고안해 낼 것이다. 또한 조직이 아고라의 역할을 주도한다면, 부정적인 권력구조는 저절로 힘을 잃게 되고 다양성으로 나아갈 것이다. 그때 노동은 단지 생계 수단으로만 그치지 않고 구성원들의 삶을 보다 풍요롭게 할 뿐만 아니라 자아실현의 과정으로 재탄생할 것이다. 마침내, 조직은 구성원들에게 행복한 삶터가 될 것이다.

　필자는 15년 동안 민·관 조직에서 강의를 진행해 왔다. 열정을 다해 준비한 내용으로 교육생들에게 동기부여를 제공하고 성과 창출을 돕고자 최선을 다했지만, 언제나 해결되지 못한 채 숙제로 남는 일이 있었다. 교육생들은 대부분 지친 모습으로 교육을 받았고 그것을 만회라도 하려는 듯 재미있는 유머 코드나 그럴싸한 새로운 정보에만 눈빛이 번쩍이곤 했다. 필자가 열심히 준비한 강의 콘텐츠가 교육생들에게 도움이 되지 않았거나, 크게 와 닿지 않은 것 같은 느낌이었다. 이런저런 반성을 거친 끝에 깊고 폭넓은 지식을 얻기 위해 닥치는 대로 책을 읽기 시작했다. 그런 노력 속에서 인문학 공부를 통해 큰 기쁨을 얻을 수 있었다. 나아가 조직 구성원들에게 정말 필요한 교육이 무엇인지, 나 자신이 강사로서 어떤 사명감을 가져야 하는지에 대한 고민도 해결할 수 있었다. 또한 지식은 정보 자체보다는 그것을 적극적으로 활용하는 것이 중요하다는 나름의 깨달음도 있었다. 그리고 그 5년간의 성과물을 이 책에 담아냈다.

이 책은 한마디로 기술적인 측면과 아울러 구성원들의 역량과 잠재성을 펼칠 방법들에 관한 이야기다. 조직이 지속 가능하려면 구성원들이 자유롭게 역량을 펼칠 수 있도록 보장하고, 그 결과물이 진정한 행복에 기여할 수 있도록 앞장서야 한다. 또한 저마다 속한 삶터인 모임터, 놀이터, 배움터에서 우리 개개인이 가진 역량과 잠재력을 최대한 발휘하고, 인류에 이바지함으로써 진정한 행복을 찾을 수 있다. 분명 행복은 어렵다. 하지만 그렇다고 가짜 행복에 만족할 수는 없다. 가짜 행복은 불행하고 우리를 항상 불안하게 만들기 때문이다. 따라서 이 책에서 말하는 삶터에서의 모임, 놀이, 배움을 통해 조직과 구성원들이 함께 성장하고, 이를 통해 사회 모두가 진정으로 행복한 상태, 즉 리얼 해피를 얻을 수 있기를 바란다.

2023년 11월 농가에서 담에 이엉을 엮고,
행랑채 지붕을 잇는다는 '소설(小雪)'에 김연진

참고문헌

1. 김동훈, 『키워드 필로소피』, EBS, 2022.

2. 김동훈, 『리더의 언어사전』, 민음사, 2023.

3. 김훈, 『남한산성』, 학고재, 2017.

4. 다니엘 핑크, 『Drive 드라이브』, 김주환 역, 청림출판, 2011.

5. 미셸 푸코, 『주체의 해석학』, 심세광 역, 동문선, 2007.

6. 미셸 푸코, 『안전, 영토, 인구』, 심세광 역, 난장, 2011.

7. 미셸 푸코, 『말과 사물』, 이규현 역, 민음사, 2012.

8. 미셸 푸코, 『감시와 처벌』, 오생근 역, 나남, 2020.

9. 미셸 푸코, 『성의 역사 1 : 지식의 의지』, 이규현 역, 나남, 2020.

10. 미셸 푸코, 『성의 역사 2 : 쾌락의 활용』, 문경자·신은영 공역, 나남 2004.

11. 미셸 푸코, 『성의 역사 3 : 자기 배려』, 이혜숙·이영목 공역, 나남, 2020.

12. 미셸 푸코, 『광기의 역사』, 이규현 역, 나남, 2020.

13. 아리스토텔레스, 『니코마코스 윤리학』, 천병희 역, 숲, 2013.

14. 아리스토텔레스, 『영혼에 관하여』, 오지은 역, 아카넷, 2018.

15. 아리스토텔레스, 『아리스토텔레스의 형이상학』, 김진성 역, 서광사, 2022.

16. 안또니오 네그리, 『다중과 제국』, 정남영, 박서희 공역, 갈무리, 2011.

17. 에이브러햄 매슬로, 『인간 욕구를 경영하라』, 왕수민 역, 리더스북, 2011.

18. 에이브러햄 매슬로, 『매슬로의 동기이론』, 소슬기 역, 유엑스리뷰, 2018.

19. 에이브러햄 매슬로, 『동기와 성격』, 오혜경 역, 연암서가, 2021.

20. 우치야마 쓰토무, 『인재육성 이론』, 김영원 역, 한국통합교육, 2005.

21. 우치야마 쓰토무, 『수포자를 위한 미래전략 기술』, 장은아 역, 북스힐, 2021.

22. 제임스 리즌, 『인재는 이제 그만』, 백주현 역, GS인터비전, 2014.

23. 제임스 리즌, 『휴먼 에러』, 김광점, 김성진 공역, 도서출판 영, 2016.

24. 조광제, 『천 개의 고원 서론 : 리좀 읽기』, 세창미디어, 2023.

25. 조르주 아감벤, 『호모 사케르』, 박진우 역, 새물결, 2008.

26. 존 롤즈, 『정의론』, 황경식 옮김, 이학사, 2003.

27. 존 롤즈, 『공정으로서의 정의 : 재서술』, 김주휘 역, 이학사, 2016.

28. 존 롤즈, 『도덕철학사 강의』, 김은희 역, 이학사, 2020.

29. 질 들뢰즈, 펠릭스 가타리, 『천 개의 고원2』, 김재인 옮김, 새물결, 2001.

30. 프리드리히 니체, 『차라투스트라는 이렇게 말했다』, 장희창 옮김, 민음사, 2012.

31. 플라톤, 『향연』, 강철웅 역, 아카넷, 2020.

32. 칼 구스타프 융, 『심리 유형』, 정명진 역, 부글북스, 2019.

33. 한나 아렌트, 『인간의 조건』, 이진우 옮김, 한길사, 2017.

34. 한나 아렌트, 『정신의 삶 : 사유와 의지』, 홍원표 역, 푸른숲, 2019.

35. 한나 아렌트, 『공화국의 위기 : 정치에서의 거짓말 · 시민불복종 · 폭력론』, 김선욱 역, 한길사, 2020.

36. 한나 아렌트, 『사랑 개념과 성 아우구스티누스』, 서유경 역, 필로소픽, 2022.

37. 한나 아렌트, 『칸트의 정치철학』, 김선욱 옮김, 한길사, 2023.

38. KBS 제작팀, 『명견만리─윤리 · 기술 · 중국 · 교육 편』, 인플루엔셜, 2016.